创意写作书系·青少版

谭旭东◎著

作文课

让创意改变作文

修订版

中国人民大学出版社

·北京·

图书在版编目（CIP）数据

作文课：让创意改变作文 / 谭旭东著 . -- 2 版（修订版）. -- 北京：中国人民大学出版社，2023.3

（创意写作书系：青少版）

ISBN 978-7-300-31387-0

Ⅰ.①作… Ⅱ.①谭… Ⅲ.①作文课—中小学—教学参考资料　Ⅳ.① G634.343

中国国家版本馆 CIP 数据核字（2023）第 017006 号

创意写作书系·青少版

作文课：让创意改变作文（修订版）

谭旭东　著

Zuowenke: Rang Chuangyi Gaibian Zuowen (Xiudingban)

出版发行	中国人民大学出版社		
社　　址	北京中关村大街31号	**邮政编码**	100080
电　　话	010-62511242（总编室）	010-62511770（质管部）
	010-82501766（邮购部）	010-62514148（门市部）
	010-62515195（发行公司）	010-62515275（盗版举报）
网　　址	http://www.crup.com.cn		
经　　销	新华书店		
印　　刷	天津中印联印务有限公司	**版　　次**	2019年8月第1版
规　　格	170mm×240mm　16开本		2023年3月第2版
印　　张	13.75	**印　　次**	2023年3月第1次印刷
字　　数	162 000	**定　　价**	45.00元

前 言

坚持写，让创意变成一种习惯

这些年，我一直关注语文教育和作文教学。做了几件事：

一是以作家的身份，经常应邀到中小学校里讲语文教与学，也讲作文课，还谈文学创作，启发一些老师和学生爱上阅读、爱上写作、爱上语文。近十年，我在全国各地做了几百场阅读和作文讲座，受到了广泛欢迎，尤其是讲中高考作文，受到特别的欢迎。也因此，写了几本指导中小学生读写的书，还主编了几套作文书。

二是以儿童文学专家的身份，应邀给一些语文教师培训班和各地家长做儿童阅读、亲子教育和儿童文学讲座，指导他们理解语文课、理解儿童文学，认识亲子阅读和家庭教育的重要性，还给他们开列了一些书目。

三是担任北京师范大学附属学校的语文教育顾问，领衔"中国儿童阅读提升计划"项目，带领一个团队，到北京师范大学各附属学校和广东省广州市、福建省福清市、河北省曹妃甸以及河南省洛阳市等地的学校，指导语文教育教学，构建校园书香文化，取得了很好的实效，带动了一批语文教师。

2018年，我从北京调到上海，在上海大学担任创意写作学科教授、博士生导师，还先后成立了儿童文学研究中心和语文教育研究中心，主持系列创意写作和儿童文学专家讲座与论坛，也担任上海大学附属学校的顾问和指导专家，产生了很好的反响。在繁忙的教学与研究之余，我继续思考和实践语文教学改革特别是作文教学改革的课题，坚持在长三角地区定期开展语文教育论坛与创意作文研讨活动，从理论和实践两个层面开展研究与写作，以期推动基础教育。

在多年的语文教育和作文指导的实践中，我发现，大多数孩子在语文学习特别是作文方面都存在以下三个问题：

一是缺乏读书的习惯。很多人不爱读课外书，更少接触经典，习惯于做容易做的事，不喜欢啃有难度的经典作家作品。没有好的读书习惯，读书太少，就不可能有语文底子，孩子的作文也很难有话说。

二是缺乏写作的习惯。有些孩子底子很好，就是动笔少，没有通过写作让心灵变得愉悦。有想法，有感受，最好要动笔。多写，爱写，文字自然会越来越流畅，语言自然会越来越丰富，作品也自然会越来越优美。

三是缺乏创意的习惯。创意就是创造、创新，就是要使自己的文字与别人的不同，就是要让文字的形式和内容变得不一样，给人新奇感，甚至给人惊喜、震惊的效果。如果大家都按照固定的模式写，用一样的语言、一样的构思、一样的故事，那就麻烦了。

在与语文老师、家长和孩子的交流中，我也发现很多人对作文有三个认识上的误区：

一是按照范文写。一开始学作文就按照范文写，其实并不好。初学作文时，应该写爱写的、想写的、能写的，先练笔，培养兴趣；有了兴趣，爱写了，会写了，那时再来看一些范文，读一些高手的文字，学习一些基本的考试作文套路，就会觉得容易多了，也不那么令人生厌了。

　　二是平时作文按照考试要求写。平时作文要以练笔为目的。如果平时作文都按照考试要求来写，会非常无趣。语文老师和家长要有意识地让平时的每一次作文都不刻板，都灵活、有变化，这样既避免了无趣，也容易让学生形成对作文的更多感受力。

　　三是把作文当作学习。其实，作文是一种文字游戏，也是一种创意生活，所以把作文看成一种生活习惯更有意义。当然，创意的生活，就是要摆脱单一的形式的束缚，使生活更加丰富多彩。因此，创意作文更多地需要提高认识，而不只是技巧的问题。

　　读书是为更好的生活奠基，作文也是表现自己的最省钱也最省力的方式。让"创意"改变作文，学会并写出创意作文，那样会更快乐、更有成就感，也更能显示自己的智慧。

　　这本书在第一版的基础上进行修订，第一篇的"作文40课"，是我之前写的与作文相关的短文的结集，看似松散，其实是有体系的，因为我在写的时候，就注意到了要从多方面来启发学生的作文思维，并有意识地给出具体有效的方法。第二篇和第三篇是我和女儿的作文，相信对读者会有帮助。

　　《作文课：让创意改变作文》倡导一种理念，即作文并不需要通过刻板的学习和练笔来学好，而需要通过培养更多的感受力和创造力来实现目标。

　　这本书适合小学生和初中生阅读，当然，也适合语文教师和家长阅读，对培训班的老师而言也是教学的好帮手。

谭旭东

2019 年 4 月于上海大学

目 录

第一篇
作文 40 课

2017年冬，《东方少年》杂志王庆杰老师约我给该刊开一个专栏，谈作文。我说就叫"作文12课"吧。于是，2018年，《东方少年》刊出了12篇我写的专栏。这里的40课，不但包括了《东方少年》杂志刊出的12篇，还包括《语文报》《作文导报》等报刊发表的谈作文的19篇，以及我平时写的一些文章。

之前，我写过很多谈作文的短文，也点评过上千篇孩子的作文，在全国100多家少儿报刊发表。这40课，虽然有的篇目之间内容有一点点重合，但整体来看是一个体系，可以让小学生和初中生领悟作文的奥妙，理解作文和文学之间的联系，并启发语文老师的作文教学。

民国时期很多大学教授都关注语文教育，都给孩子写过东西，有的还会教作文。这40课，算是我的一个尝试，从大学文学教育、创意写作教学到中小学语文特别是作文教育，我想是可以打通的。

爱上作文，会作文，有写作能力，是可以通过有效的练习培养出来的，也是坚持和努力的结果。

第 1 课　如何培养写作兴趣

做什么事情，最好都要有兴趣，这样做起来就容易，做起来也快乐。

写作，也要培养兴趣。特别是对小学生、初中生来说，培养写作兴趣，让他们爱上写作，把写作当成一种生活和学习习惯，是非常有价值的。写作兴趣浓了，写作习惯有了，到了高中，作文就会变成一件很容易也很快乐的事。

如何培养写作兴趣呢？

小时候，我也曾和很多人一样怕写作文。特别是当语文老师布置命题作文时，我心里还有些抵触。但对写作不再反感和畏惧，是在开始大量阅读经典之后。当我读得多了，对文字理解度高了，能够对深奥的文字心领神会了，我就不再害怕作文，反而很羡慕那些会写作的人，也产生了写作的欲望或者愿望。所以，大凡爱写作的人，都经历了对经典的阅读，都体会到了读好书的快乐。语文老师和作家们在谈作文时，也反复强调要多进行课外阅读，要扩大阅读量，要亲近经典，也是这个道理。

但我们平常也会看到，有的人读了很多课外书，甚至是什么都读，读得很杂，读的时间也很多，但就是不爱写、不会写。难道是课外阅读对写作没有直接作用吗？不是的。像这种情况，通常是读书的态度有问题。有些人什么都读，但只是为了消遣和猎奇，为了打发时光，这种不自觉的阅读，虽然可以让一些人积累很多吹牛皮的知识，给人"见多识广"的印象，但没有使人真正体验到读好书之乐，更没使人领悟到经典之美。其实，要培养好的读书趣味，就要沉下心来读名篇、经典，读有难度又很精美的文字。泛泛而读，什么都浏览，看起来博览群书，实则是浮光掠影。消遣性的阅读很难达到修心养性的目的，也很难培养纯正的趣味。所以，阅读趣味的提高，是写作兴趣提升的前提，因为写作在某种程度上就是在向美的文字致敬。一个人没有对经典的信任，没有对美好文字世界的敬畏，又怎么会去写作呢？

因此，要培养写作兴趣，除了爱读书、读好书，还要培养纯正的阅读趣味，让好文字进入自己的心灵世界；只有好文字才能激活人的思维、思想，才能唤醒人的审美创造的潜能。所以，要坚守经典的品格，要相信经典的力量。在此认识的基础上，我建议小学生、初中生要注意三个方面。

第一，尽量读中外文学名著，尤其要多读中外名诗。

先读短小精美的文字，逐渐再读长篇名著，慢慢地，你对经典的兴趣会越来越浓厚。小时候，我特别爱读欧美名诗，也会抱着厚厚的一本《唐诗鉴赏辞典》读，还读了很多五四作家的美文，现在想来，收获很多。

经典名作的文字有示范性，有作家、诗人独特的语言风格，因此读得多，容易建立自己对文字的标准，也容易培养自己对语言技艺的敏感性。

第二，读写结合，一边读好书、读名篇，一边练习写作。

可以写随感，可以写短诗，也可以写小故事。好文字是练出来的，不要相信什么都得靠天才。读的时候多感悟，多思考，心里就有话可说，有话可说，有话想说，就用文字表达出来，这样写多了，就更想写了。

第三，读书和写作都需要交流。

读了好书，可以和别人分享。比如，可以向同学介绍自己读过的佳作名篇，还可以向他们转述动人的故事，甚至可以和好友一起分析小说中令人钦佩或感动的形象。通过分享，可以促进理解，获得新的认识和看法。写了短文和小诗，可以拿给同学看看，一是分享写作的快乐，获得认同；二是接受建议和批评，使自己的写作能力得到提高。

总之，要学会写作，先要培养兴趣。兴趣是最好的老师，是写作的原动力！

第 2 课　每个孩子都可以成为作家

　　小时候，语文老师告诉我们，作家是很了不起的，只有那些有语言天赋的天才才可以成为作家。那时候，我们这些学生都不会作文，也害怕作文，的确觉得作家了不起，好像当作家是一件高不可攀的事。

　　上大学时，我也认为作家很了不起。大学里对我最有吸引力的讲座，就是诗人、作家讲座。记得那时候，学校邀请了一些省市报刊的编辑和几位出了几本书的作家，来给学生讲文学、讲读书，我次次必听，而且对这些出了书的作家充满虔诚的敬畏。

　　但随着自己读书增多，也随着自己对文字理解的加深，特别是后来自己做了大学教师，才真正感觉到，写作其实并不难，而且当作家也没有那么神圣。我甚至认为，人人都可以成为作家，每一个人都能学会写诗。英美国家把大学生会写作当作通识教育的一个最基本的目标，即人人要会写作、会表达，至少要会写调查报告和研究论文，这是最基本的要求。的确，在今天的环境和条件下，学会写几篇文章、讲几个故事、写几首小诗，并不是件神秘莫测的事。

讲一讲我做出这个判断的三个理由。

第一，单纯从作文的角度来讲，其实作文并不难。

小学生写三四百字的作文，初中生、高中生写 600～1 000 字的作文，都不是一件很难的事。按照教学大纲的要求，小学毕业学会写 400 字的作文就可以了，初中毕业写 600 字的作文，高中毕业写 800 字的作文。这其实都是很低的要求。动笔写一下，只要讲一个小故事，发表一点看法，表达一个观点，就够 400 字了。因此，从字数和篇幅来看，要求其实是很容易达到的。关键是，很多孩子并没有掌握组装文字的规律和技巧，因此，背诵和记忆了几千个汉字，却不会把它们组装成有趣的句子，也不能把这些有趣的句子组装成一个小故事、一篇短文章。所以，我觉得问题不在孩子身上，是语文教育和作文教学存在问题，语文教师没有把作文的规律和技巧传授给学生。根据这些年我指导小学语文教育教学的经验，引导小学一二年级的孩子写百字日记、百字微童话，在此基础上，引导小学三四年级的孩子写 200 字以上的故事，让他们通过故事来传达观点、表达看法，这是很容易的。然后再引导小学高年级的孩子写 400 字以上的各类作文，也就顺理成章、水到渠成。作文是语文学习的一个部分，但作文不是背诵出来的，而是写出来的。有了好的写作习惯，愿意循序渐进地学会讲故事，找到了窍门，作文是很自然就可以完成的学习任务。

第二，从语文教学和作文的关系来看，作文问题是可以解决的。

目前，我国语文课程包括语言和作文两块，语言就是学习拼音、学习字词、讲课文，作文就是写记叙文、议论文和说明文，而且以命题作文为主。在国外的中小学课程中，语言和写作是分开的。语言课程就是学习语言，重点在于交流和实用。写作主要是培养文字的表达力和创造力，而且也不是写记叙文、议论文和说明文的模式作文。所以，他们语文学习的自由度和空间是很大的，教师不太限制学生的想象力和创造力，反而极大地鼓励学生去想象、去创造、去求新、去求异。于是，他们的语文学习没有我国现有的语文那么刻板，学生自由发挥潜能的空间很大。但不管国外的语言和写作课程优势如何，我们都要立足于中国的语文课程实际。要提高学生的作文能力，只要解决好语文和作文两张皮的问题，就能使语文课对作文产生很大的帮助。比如，现在语文课文并不是记叙文、议论文和说明文三种文体，但作文却是这三种文体，学生学了课文，却不能从课文里找到作文的示范，怎么办？如果语文教师在讲课文时告诉学生，课文里是怎么讲故事、怎么表达观点的，用了哪些修辞，哪些地方有不足，可能比单纯地归纳段落大意和中心思想更能引导学生掌握语言规律、学会作文。

第三，从阅读的角度看，作文也不难。

过去，无论农村还是城市，孩子的家庭阅读和课外阅读大多是空白，很多孩子入学前几乎没有享受过亲子阅读的快乐，而且很多孩子入学后也很少读到好的课外书。在那种情况下，单纯的语文课是很难一下子提高学生的语言能力和作文水平的。尤其是在语文教师专业素养不太高、学校没有图书馆的情况下，学生更难学好语文特别是作文。但现在情况变了，大部分孩子有了课外阅读的条件，尤其是城市里的孩子，完全有自主阅读的能力，如果多多鼓励他们读课外书、读经典、读适合他们读的好文字，那么，他们完全可以在语文教师的恰当、科学的指导下，迅速掌握作文技巧，学会作文。

令人非常欣喜的是，现在各地有不少小作家组织，补充了学校语文教学的不足。如山东菏泽小作家协会成立后，举办了各种写作培训及提高孩子们写作兴趣的活动，有数千个孩子参与课外写作。我去过青岛，那里有一位叫张吉宙的作家组织了小作家协会，并定期举办读书会和写作讲座。我和金本、曹文轩、张之路等都曾被邀请过去，为他们做讲座。通过参加小作家组织，孩子们有了比较专业、敬业的老师的指导，加上前面几种问题的解决，我相信，他们更容易由不会读书作文到能读善写。有效的阅读和写作指导，完全可以使语文学习和写作变得更容易。只要找到了问题，然后努力去解决问题，就没有什么可抱怨和害怕的。

所以，我认为人人可以成为作家，写作不是作家的专利，而是每一个文明人的自由和权利。

孩子们，拿起你们手中的笔，多写，写出精彩的故事，写出优美的诗篇，写出你们看到的一切，也写出你们的想象力世界吧。学好语文，爱上写作，成为作家，快乐多多，收获多多！

第3课　写作是读书的最好结果

2018年春节前，我第三次应邀参加全国青少年冰心文学大赛颁奖典礼，与冰心先生的女儿吴青教授一起和孩子们交流，并亲耳聆听了吴青教授的讲座。吴青教授给来自全国各地的孩子们讲述了冰心先生对她的教育，还讲述了自己对做人、读书的看法，听众受益良多。

吴青教授在讲座中特意提醒在座的孩子们，要做文明人，要遵纪守法，要讲规矩。我觉得，讲规矩这一点说得非常好，不但做人要讲规矩，读书和写作也要讲规矩。读书要讲什么规矩？一要读好书，要让经典浸润心灵，而不是用流行的图书消遣娱乐、浪费时间。现在有不少孩子爱读搞笑的文字，爱读流行的、通俗的读物。那样读很过瘾，也很开心，但时过境迁，发现什么也没留下，什么也记不住，也没有感动过自己。二要坚持读，要把读书变成生活习惯的一部分。有的人读书只是一时兴起地读，或者被别人感染了，很冲动地读一阵，但不能坚持下去，所以也不能养成读书的习惯，自然使得读书变成浅尝辄止的行为。这很可惜。"书读百遍，其义自见。"一本好书，要多读、坚持读，直到读懂。"腹有诗书气自华。"爱读书，坚持读好书，时间一长，美好的性情得到陶冶，高雅的趣味得以培养，人也就很自然地由粗俗鲁莽变得智慧儒雅了。

写作要讲哪些规矩呢？

第一，要边读边写。

不读书就动笔写肯定是写不好的，而且即使一时写得很顺，也不能长久保持顺畅的写作状态。这是因为，读书是写作的根基，如果只是一味地写，不读书、不充电，就好像在做"无米之炊"。所以，我常鼓励学生：要一边读好书、读经典，一边写感想，记录自己的思考，留下自己的心得，即使写不了长文，也要写点短品。这样，既锻炼了文字能力，又使自己全身心地进入经典的情境里，体验更深，感悟更多，理解更透。记住，写作是读书的最好结果。

第二，写的时候不能乱写、胡写，不要由着性子写。

每一种文体都是有基本要求的：写诗，要写出诗的样子、诗的特点；写散文，要写出散文的样子、散文的特点；写小说，要讲好故事，要写出小说的风格；写童话，要写出作家的想象力和童话的幻想来。所以，在写作时，无论写什么类型的文字、写什么文体，都要尽量遵循文体规律，讲究写作的文体规则；不然的话，写出来的文字就会因为缺乏基本的审美范式而失去阅读价值。这就好比人们去吃茄子，一定想吃到有茄子味道的茄子一样。

第三，写作要坚持。

我请耶鲁大学的教授苏炜来上海大学讲学，他说耶鲁大学给本科生开设了很多门创意写作课，其中有一门，老师把课程名字就叫《写，写，写》。老师的意思很明显：写作没有多少诀窍，人人都会写，只要坚持写、写、写，就可以写好，就可以学会创意写作。前些日子，读到作家石钟山的一篇谈写作的文章，他的意思也是要坚持，只要是不太蠢的人，坚持写就可以写出好文章。所以，坚持住，去行动，去写，才是最关键的。有些人喜欢对别人的作品评头品足，这是评论家要做的事。如果你想要学会写作，就不能仅仅去对别人的作品评头品足，而要去写，去坚持写。

写作无所谓天才。不要认为天才才会写作、才能写得好。初中时，我们都学过一位领袖的话，说"世上无难事，只要肯登攀"。写作也是如此，讲点基本规矩，写作无难事，只要肯去写。爱写作、想写好的少年朋友，坚持去写吧。

第 4 课 怎么读书才会作文

出门做讲座，遇到不少家长说：我的孩子很爱读书，读了不少书，可就是写不好作文。前些日子还读到一篇公众号文章，说的是为什么孩子读了很多书却不会作文，转发量和阅读量很大。可见，这是一个普遍问题。

在我的周围，也有不少这样的人，他们读了很多书却不会作文。是不是读书就没有用了呢？一般来说，要写好作文，得多读书；不爱读书、不读书的孩子，是很难学会作文的。就好比烧饭做菜，读书是为做菜准备米和菜，作文则是做菜的功夫，一篇好的作文作品就是做好的一道菜。曹文轩老师把读书和作文比作弓和箭：不读书，就好比箭没有了弓，那怎么射也射不出去。光读书、不会作文，则好比有箭而没有弓，那这把箭也没什么用。因此，弓和箭这个比喻很巧妙，把读书和作文之间的关系说得很透彻，大家一想，心里就明白读书和作文到底是怎么回事了。

我不知道是否真的有人从来不读书，但一落笔就很厉害，甚至成了一名作家、诗人。根据我的阅读经验，有些作家的确没有读过大学，没有接受过很高的学校教育，但他们会写作，而且很厉害。比如中国作家协会的主席铁凝，她只上过高中，却写出许多部优秀的小说和散文。还有莫言，也没有接受过正规的大学教育，只是当兵后，在部队里、在解放军艺术学院接受过在职的专科培训，他拿到的北师大的硕士文凭也是在职读的，只拿到学位，没有学历，所以严格意义上说，莫言是没有高学历的，只有小学文凭。那铁凝、莫言为什么会写？读读他们的访谈和散文就知道了，他们小时候特别爱读书，而且一直很爱读书，工作以后坚持自觉地通过读书来接受文字的熏陶和文学的教育。如果他们不读书，他们是不可能写出好作品的。

那是不是所有爱读书的人都能成为作家、诗人，或者会写作呢？也不是。下面，我就来谈谈，怎样读书才能有助于作文，有助于培养自己的写作才能。

第一，多读文学书。

会写作、能作文的人，一定是爱读文学书的人，至少，有一本或者几本文学书很深刻地影响了他。比如，莫言小时候就很爱读《聊斋志异》，几乎到了迷恋的地步。莫言小时候家庭条件差，他能接触到的文学书是有限的，不过，这本书对他起到了至关重要的作用，让他迷恋文字、相信文字，也唤醒了他内在的潜能。有些人读书读得很杂，什么都读，特别是读一些流行书，但没有聚焦过一种类型的书，那他的读书就完全是种消遣，是无意识的行为，这样很可能只是泛泛而读，没有激发兴趣点，读得很轻松，倒是打发了很多无聊的时间。杂乱的、消遣性的读书，比看电视、上网、玩电子游戏和手机当然要好一些，至少相对而言不太伤害视力，但从人生修养和文学素质的提升来看，还是有些不合算。因此，我建议你多读文学书，尤其是经典的文学名著，这样有助于培养你的语言敏感性。

很多人忽视了一个问题，那就是读书与语言敏感性的培养。读诗、读小说特别容易培养一个人的语言敏感性。好的诗讲意象、讲修辞，让读者的心灵变得更加细腻、敏感和柔和，很容易激发一个人对外部世界的感受力。优秀的小说也是如此，读的多了，能够培养人理解外部世界、感受情感和语言的力量。用心去读文学名著，读的多了，就很容易学会用语言来描述世界、讲述生活、抒发情感。因此，语言的敏感性就是作文和文学写作的一种重要素质和能力。

第二，多读文学杂志。

要想比较快地感受到文字的神奇，找到文字的技巧，学会作文，最好的方式就是读文学杂志。小时候，我读过《中国少年报》《儿童文学》《小溪流》这样的报刊，里面的作家作品吸引了我，同龄人的习作让我羡慕。这对我爱上写作起到了不可忽视的作用。一份文学杂志往往是写作启蒙期的好帮手，比一位语文老师还重要。所以，孩子的童年期、少年期一定要有一份好的刊物陪伴成长，这是很值得的。《童话世界》《童话王国》《东方少年》《儿童文学》《少年文艺》以及其他一些少儿刊物，都是适合少儿阅读的文学杂志，给孩子订一两份，让其在课余和假日读读，会在无形之中引领孩子作文，培养孩子的写作兴趣。作文是需要模仿的，每一位作家最初的写作都是模仿。如果直接模仿长篇小说，是很容易受挫的；先模仿一些短诗、短故事、短小说和短散文，则很容易进入文字世界，找到写作的自信。

我读过不少五四作家回忆童年的散文，他们大多也会谈到小时候自己因为读到某份文学期刊而爱上了写作。少儿文学期刊都是针对少儿读者的，里面的作家作品和少儿习作都比较贴近少儿的心灵，反映的往往都是他们熟悉的生活，所以让孩子读少儿文学期刊对作文特别有帮助，能够让他们感觉到自己也可以这样来描述自己熟悉的生活、表达自己相似的情感。

我的大女儿很喜欢作文，写作文也从不畏难，这与她从小读了很多经典文学名著和一些少儿文学期刊有关系。家里书很多，她随手就可以拿到。由于读了不少文学名著和名家作品，她的语言敏感性增强了，有了写作的能量，一旦下笔，就不会觉得无话可说，而且一落笔就能找到适合自己表达的语言。

有些家长喜欢订作文杂志或买作文书给孩子读，希望孩子直接模仿别人的作文。我觉得，单纯读作文杂志和作文书效果不太好，一是太功利了，二是直接读作文是很难培养语言敏感性的。如果孩子在读了一些文学书和文学杂志的基础上再读同龄人的习作，就会很容易找到作文的奥妙，甚至写出比同龄人还要好的作文。

第 5 课　不知道怎么写咋办

有一位妈妈对我说："每次作文，我孩子都不愿意动笔，不知道怎么写。咋办？"

这位妈妈说的，是一种比较普遍的现象。我不止一次听到这样的疑问。不少孩子写作文时会面临这种困窘，无论老师布置什么样的题目，他都不知道怎么动笔，抓耳搔腮，就是不会写。为什么会出现这种情况呢？我觉得主要原因有三个方面。

第一，缺乏动笔的习惯，很少动手写，每次作业都有畏难情绪。

有时候，孩子不爱动笔、不会作文，不是他不会表达，也不是他读书少，而是他没有动笔写的习惯。有的孩子只要多写几句就嫌麻烦，就怕动脑筋；总这样迁就自己，时间一长，就养成了懒惰的习惯。一般来说，不爱动笔写作文或者畏惧作文的孩子，其他课程的学习也会有问题，也会跟不上，甚至学习会很糟糕。因此，要改正自己的缺点，不要偷懒，不要怕麻烦，养成动笔写的习惯。当然，不爱动笔、有畏难情绪也和爸爸妈妈的迁就有关系：爸爸妈妈对孩子的学习没有什么要求，孩子自然就会放松。语文老师给学生布置作文题时，没有很好地启发学生，而是过分地提很多要求，甚至不太注意鼓励学生，也很容易让学生厌倦作文。

第二，不爱动脑筋，没有思考过作文题目。

作文并不难，只要会说话、会写字，理论上都会作文。只要读了几册书、会写上千个字，每一个题目都可以写出作文。不愿意动笔，也不知道怎么写，不是题目问题，也不是因为作文难。可能有时候，语文老师讲作文时把作文讲得太死板，提的要求太多，又是立意、构思，又是谋篇、布局，还要求引用名家格言和唐诗宋词，一下子就限制住了学生，让学生有了恐惧感。所以，老师应该启发学生，轻松地思考和讨论一下题目，启发他们写什么、怎么写，然后鼓励他们动笔。从学生的角度来看，则应该好好审题，同时不要把作文想得过于复杂。

2017年辽宁沈阳中考作文题目是《为_____着色》。看到这个作文题，首先要想一想：该写什么？那个空该怎么填？是写《为童年着色》《为青春着色》，还是写《为生命着色》《为祖国着色》？空填好了，就等于确定了要写的内容和主题。如果确定写《为青春着色》，就要从三个方面来写：（1）如何理解和看待青春，即青春是什么、青春意味着什么。（2）我们正值青春期，是青春的主人，是年轻人，该如何做、如何学习、如何努力，如何拥有本领、创造更好的条件和资质，去显示自己的力量、价值，从而为将来的生活奠基，或者为社会、国家做更大的贡献？（3）表达一下自己不辜负青春的愿望和想法。作文和做其他事情一样，都要先想一想，想明白了再去做，事情就容易做，就能做得更好。就像是烧饭做菜，我们要先想好，再准备食材，然后再动手做。

第三，缺乏信心，总觉得作文是难事。

无论做什么事情，给自己信心比给自己要求更重要。有了信心，很多事情一做，会发现并不是太难；或者说，好多事情想起来难，一旦做了，会发现其实没那么难。同样，作文也不是件难事。小学生认识了三五千个汉字，读了一些书，上了语文课，让他写一篇短文是没有什么问题的。比如，语文老师布置作业，让写一篇记叙文《回家路上》，不就是讲一件你回家路上看到、听到的事吗？如果你想写回家路上看到的风景，那就写成《回家路上的风景》；如果你想写回家路上亲历的一件事，那就写成《回家路上的怪事》或者《回家路上偶遇》之类的。叙述好一件事，只要把事情的来龙去脉说清楚，最后谈谈看法、发表一些感想就可以了。初学作文时，老师可能会提出不少要求，讲记叙文、说明文、议论文的一些规矩和格式，有的学生就会感觉受到拘束，甚至不敢写，怕写不好。其实，刚学作文时谁都写不好，都要经过练习、练笔才能逐渐提高。学语文一定要会作文，作文是一项基本要求，无论谁学语文都要掌握作文的技能。美国华裔数学家丘成桐在给北大附中学生做讲座时说过："语言、数学和作文，是人的最基本的能力。"每一个学生都应该学好作文，如果作文做不好，连基本的记叙文、说明文和议论文都写不出来，不但考试会受挫，以后生活和工作也会处处受限制。

以上三种情况可能是比较普遍的，也是造成孩子对作文产生畏惧心理的重要原因。克服以上三种主观上造成的困难，就等于给作文松了绑，走起路来也就可以轻装上阵。

所以，要真正解决作文的困难，不能总是靠别人，不能总盼着这个名师、那位作家提供特效"处方"；要自己有意识地改变懒惰心理，多动笔，敢于写，愿意去尝试，不要怕写不好。几乎没有一位大作家写出的第一篇作品就成为传世之作。名篇的背后，都有很多练笔的文字垫底。大家都熟知法国作家莫泊桑的故事，据说他发表第一篇短篇小说时，床底下堆满了草稿和习作。写作文总要迈出第一步，从小学三年级到高中三年级，每一个学期都有作文课，每一个学生都有同样的机会写出优秀的作文。不动笔、不主动去写的学生，这样的机会对他就没有任何意义。

第 6 课 要给初学作文的孩子信心

　　有一次，我给一个家长群做一个关于读书的讲座。之后，有一位妈妈说："谭老师，能不能给我们的孩子讲一讲怎样写作文？"我说："可以呀，只要时间允许，将来有机会一定讲。"

　　第二天，这位妈妈通过微信对我说，她的儿子今年上小学三年级了，作文写不好，老是记"流水账"，老师不满意，她也不满意。听了这位妈妈的话，我让她把她儿子的作文发给我看看。作文发来，我一看：写得很不错，字数也不少，有三四百字，而且把一天经历过的事都简要讲述了出来，可以说叙述得很流畅。我觉得是一篇很好的作文。

　　初学作文时，很多老师不允许学生写"流水账"，认为"流水账"的主题不集中，没有重点，也没有生动曲折的情节和细节，甚至没有过多的描绘，语言比较干巴巴。其实，小学三年级的学生刚学作文，能够用一两百字比较清晰和完整地讲述一个故事、叙述一天的经历，已经很了不起了。且不说我们做老师和家长的小学三年级时能否写这么好，单从作文规律的角度看，小学三年级的作文能够记好"流水账"，能够用自己的话把一件事或一天的经历叙述清楚，就值得表扬。

个人觉得，小学三年级的学生只要能用一两百字讲述一个完整的故事、阐述好一个观点和看法、描述好自己看到的一个物件或者一处小景，就达到了目标，就值得肯定。等到小学四五六年级时，能够在三年级的基础上逐渐把故事讲述得更生动、更有趣甚至更曲折，且字数不断增加，就算完成了记叙文写作的学习目标。议论文和说明文的写作也是如此，只要语言比较流畅、结构比较完整，就要给予肯定。我们要给孩子耐心，给孩子恰当的表现机会，而不是在他们一开始学习作文时就苛求，就过高地要求他们，甚至动不动就拿最好的作文和最高的标准来批评他们。

作文要循序渐进。三年级学生初学作文时，能写出一两百字的作文就可以了。到了四年级，能够写出两三百字的作文就很棒了。到了五年级，能够写出三四百字的作文，实现通顺流畅且讲究一定的技巧、有一定的文采，这样的作文就算是很优秀的作文了。从教学大纲来看，到小升初考试，只要能写好四五百字的作文，就达到了要求。

有不少家长和语文老师讨厌"流水账"式作文。我觉得，这样的家长和老师对作文缺乏基本的认识。如果孩子写了"流水账"式作文，只要告诉孩子把其中一些事或者过程去掉，把最有趣、最值得写的细节写得丰富一些，他的"流水账"式作文就会面貌一新。我曾经遇到一个孩子，他妈妈抱怨他的作文是记"流水账"。有一次，我读到这个孩子的"流水账"式作文，发现作文写得挺长，就是没有所谓的重点和主次之分。于是，我告诉这个孩子删掉哪几个部分，把哪几个部分写得详细一些、生动一些、有趣一些。一修改，这篇"流水账"就变成了好作文。

第 7 课　作文没那么难

不少孩子对作文有畏惧心理，总觉得作文很难。大致来看，一般有四种心理：一是认为作文是个大工程，有心理上的畏难情绪；二是犹豫不决，不明白自己最想表达什么，又担心写得不好，不敢下笔；三是总想把作文写好，可一开头就觉得没话可说；四是总觉得自己书看了很多，却用不上。

为什么会有这四种心理呢？我觉得，主要有四个原因。

第一，语文老师标准定得太高。

在初学作文时，语文老师把作文的台阶设得太高，没有告诉孩子写作文是从短到长、由简单到复杂的过程，而且刚开始写作文，并不是马上就要写出达到中考、高考要求的作文。要告诉孩子，作文不是从一开始就要写成最好的；最初能写几句，写得像一篇文章，能够完整地讲一个小故事，能够描述好一个景物，能够表达出一个观点，就可以了。如果一开始就要求孩子写出很完美的作文，要求孩子写出主题突出且符合老师心目中标准的佳作，可能会吓住他们。

第二，孩子缺乏信心。

有些孩子平时读书少，很少动笔，语文成绩也不是特别好，因此，一旦老师布置了作文，就不太自信，对自己的能力产生怀疑。有些孩子则读了一些课外书和杂志，以为作文只能写好，不能出一点毛病，甚至要写得达到发表的水平，因此就会心里没底，缺乏信心。

第三，缺乏写作文的功力。

有些孩子以为写作是作家、诗人的事，自己写不好，也做不了作家、诗人，因此缺乏作文的动力。而有些语文老师也把作文当成了创作。事实上，作文和创作是有区别的，作文是文字表达能力的基本要求，创作则是写作比较高级的阶段。而且创作是要追求诗歌、散文、小说等文体之美的，作文则只要能写出记叙文、议论文和说明文就可以了。记叙文要讲一个真实的故事，把故事讲完整了，讲得生动一点、有趣一点、有点特别，就很好了。议论文就是要表达观点，你的观点鲜明、能够被人认可就可以了。说明文就是要描绘事物，把一个物件、一个景点描绘得形象而且特征分明，给人以明确的印象，就达到了要求。所以，千万不要以为作文就是创作，不能把孩子当成作家来要求。初学作文只是练习文字表达的基本功。

第四，有的孩子刚开始写作文就想写好，但自己的能力又一时达不到，于是心里着急，想要一蹴而就。

我想说的是，写作文不要急，也不要畏难，因为作文本来并不难。刚开始教作文时，老师不要对孩子提出过高的要求。把记叙文的基本要求告诉孩子，让他们写故事，写身边的故事，把家里、学校、社区里见到过、听到过的事写出来，只要写得文从字顺、故事完整，就要给予肯定，而不是一味地挑毛病，甚至一开始就按照小学高年级的标准来要求孩子。老师要有耐心，要多鼓励，让孩子慢慢尝试。小升初作文一般要求写 400 字，中考作文一般要求写 600 字，高考作文一般要求写 800 字。要让孩子知道，从一开始写 100 来字的作文到高考写 800 字的作文，他们有十年的时间去进步，只要认真练习、多多尝试，每个人都能达到作文的要求，都能写出合格甚至非常优秀的作文。从 100 字作文到 800 字作文，中间有十年的时间，让孩子每一个学期进步一点，这样看，作文又有什么难的呢？仔细想想，如果一个孩子写了十年，都还写不出 800 字的合格作文，要么是语文老师有问题，要么是孩子自己太笨。

总之，作文之路不应受阻。十年里，一个人要吃多少饭、说多少话、走多少路、爬多少级楼梯？同样的道理，每一个孩子都可以通过尝试写好作文，完成作文学习的任务。在做讲座时，我对孩子们说："如果经过十年的语文学习、十年的作文学习，都还学不会写作文，那语文老师和学生的饭都白吃了。"

要想轻松写作文并且迅速爱上作文，语文老师不可苛求孩子，要一步一步地引导他们，让他们先学会讲故事，写身边的事，把自己想写也爱写的东西写出来，而不是一开始就给他们套上很多框框。在孩子爱写也能写出完整的故事的基础上，再逐步引导他们写长一点、写得生动活泼一点。美国的小学老师教作文时，都不会设框框，而是鼓励孩子写，带孩子去了解自己想写的景物和现场，让孩子去观察，然后再动笔。这就是种很好的方法。

对孩子来说，要想轻松写作文，一要好好读一读语文课本里那些写人记事的课文，然后注意观察，从生活中找到适合自己写的人和事。二要想好自己要表达的内容，然后用文字写出来。平时我们说话可以随意，但写作文不能太随意，要对语言进行提炼。比如写《我的老师》，要先选一位老师来观察，找到他的外貌、性格特点，还要找到他对学生的态度及你心中印象最深的一件事。这些想明白了，就可以写好《我的老师》这篇记叙文。再如写《美的风景》，先想一想哪一处风景你最熟悉、你觉得很美，如果不熟悉，你可以去观察、去体验，找一找它的美在何处。哪些值得你描述出来，能够让读者感觉它们是美的？有了这些准备，再去表达你对风景之美的感受，发出你的赞叹或者感叹，这篇作文就可以了。三要把作文写得干净整齐，这是最起码的要求，也是写作文的好习惯。文字干净、文章干净，清清爽爽，这样的作文自己喜欢，别人也爱读。有时候我们讲"敝帚自珍"，可如果写下来的是潦草的文字，给人乌七八糟的感觉，你还会"敝帚自珍"吗？

最后，我要强调的是，作文没那么难。要说难，一定是自己先难住了自己，缺乏信心，没有耐心，也没有抓住作文的基本点，在这种情况下看到作文题目，自然就有些六神无主了。因此，要想突破畏难情绪，快速理解作文，并喜欢上作文，就得克服心理上的困难，找到解决方法。

第 8 课 学生不爱作文的几个原因

　　小学生不爱作文、不会写作文，这种情况很普遍，对此语文老师和家长都很着急；尤其是语文老师，想尽了办法，孩子还是不爱作文。这到底是什么原因呢？

　　我觉得，小学生不爱作文，有的到了五六年级还不会写作文，与家庭教育有关，也与语文老师的教法有关，还和小学生的阅读习惯、学习习惯等有关。具体来说，有以下四个原因。

第一，与小学生不爱阅读有关。

　　一般课外阅读少、家庭缺乏亲子阅读的孩子，写作都比较差。阅读，对作文来说，是学习对文字世界的认识，不仅仅是增加识字量的问题，还涉及对文字的理解、对文体的认识、对想象力和创造力的培养，等等。读课外书多的孩子，对他们稍加启发、给点提示、适当鼓励，他们的语文学习与作文能力就会提高。平常不爱读书的孩子，语文学习的兴趣一般都不浓厚，对作文也不会有兴趣，即使学习了作文的基本技巧，也很难写出好作文。

第二，与自主阅读能力有关。

自主阅读能力与作文能力是成正比的。孩子上了小学，就要尽快培养他的自主阅读能力；如果自主阅读能力不够，到了小学二年级识字量还很少，到了三年级写作文时就会感到字词不够用，尤其是写短故事、短作文时，会有找不到合适的字、词、句的感觉，这样作文就不会顺心顺手，写起来吃力，兴趣也提高不了。因此，在小学一二年级时，家长和语文老师一定要尽量引导孩子多读文字书，积累一些阅读体验，这些本身就是作文好素材。如果孩子能够顺利、通畅地讲述他读过的书的内容，写作文时就会容易得多。复述故事、转述别人的观点、描述别人所描绘的情境，都是作文的一种锻炼。

第三，与语文老师和家长要求过高有关。

一般小学生在三年级开始写作文。刚开始学写作文时，很多家长和语文老师都拿优秀作文的标准来要求孩子，对孩子的作文批评多、建议少，而且动不动就要求孩子用好词好句、名人名言、格言警句和唐诗宋词等。这样过高地要求孩子，会让他们因为一时达不到要求而产生焦虑情绪，最后变成对作文的厌倦。我看过一篇小学三年级孩子的作文，故事讲得很清楚，写了有300多字，但语文老师的批语几乎全是否定的，她很不满意，认为这篇作文不生动，缺乏心理活动的描写，也没有用好词好句，等等。这样评价一个小学三年级孩子的作文是很苛刻的。作文教学是一个循序渐进的过程。小学三年级时，应该让孩子多讲故事，培养他们讲家庭、校园和社区里发生的故事的能力，让他们写身边的人，记录身边的事，只要他们用自己的话把故事讲清楚了、讲完整了，就应该给予肯定，并给予一个好的评价。到了四年级，鼓励孩子把故事讲得生动一些、复杂一些、有趣一些，把作文写得长一点。到了五六年级，则提一点高要求，这样孩子就一定能把记叙文写好。写议论文和说明文也是如此，要逐步引导，不要一下子就希望孩子写得最好、最出色，达到优秀作文的水平。

第四，与过分依赖作文书有关。

有些家长和语文老师在指导孩子作文时，直接就让孩子学作文技巧，而且以作文辅导书为主，这样效果一般不好。甚至有的语文老师直接找来一些所谓的"示范作文"，要求家长打印出来，让孩子背诵。作文书只是解决一些技巧问题，但作文更多的是需要学生对文字的理解。背诵作文也是一个笨办法。只有在对文字有很好的理解的基础上，才能运用好文字。所以，课外阅读是很重要的。读好书，读经典，培养对文字的敏感、对语言的兴趣，对作文是非常有好处的。如果一开始学作文就借重作文书，很容易受到模式的限制，而且很难培养对文字的兴趣。只有读动人的故事、优美的诗篇等，才能培养对文字世界的兴趣。靠模式化作文的大量阅读，是难以培养通过阅读经典文学作品才能培养起来的趣味、品位的。

第五，与缺乏生活体验、不会观察有关。

现在一些城市里的孩子生活很单调，每天就是上学、回家写作业、睡觉，完全是在老师与家长的安排下生活与学习，缺乏和同龄人之间自由自在的游戏与交往，因此对生活缺乏激情，缺乏足够的爱，或者说，这种单调的生活很难激发他们的好奇心，很难让他们保有对新鲜事物的兴趣。如果家长和老师能够多给孩子一些课余时间，尤其是老师少布置一些作业、家长少逼迫孩子上一些课外培训班，多带孩子去亲近大自然，去参观博物馆、科技馆，去看一些画展、听听音乐会，去参加一些同龄人的聚会，这样一来，孩子的生活体验丰富了，再加上在自己的房间里发发呆、想一想心事，他的作文就有了很多故事、很多话题、很多想法，也有了很多素材。

第六，很多孩子不爱作文，其实是不爱学习，对学习没有兴趣。

这个原因，得追究到一二年级。孩子们在一二年级时就经历了枯燥无味的写字、识字、学习拼音，到了三年级，一部分学生已经开始厌学了。这个时候，作文对这部分厌学的孩子来说，就是难度的增加，所以，这些孩子不爱作文，其实是不爱学习。这个问题很多家长和老师看不到，总以为孩子只是单纯不爱写作文，其实背后的原因就是孩子不爱学习，是传统的语文记忆性学习不能让孩子对学习产生兴趣。

语文老师和家长如果不能发现这些问题，不能找到这些影响孩子语文学习与作文的原因，是很难教好孩子、很难帮孩子提高作文能力的。

第 9 课 写 600 字一点也不难

小学作文要达到 400 字，中考作文是 600 字，高考作文也就 800 字。从字数要求上看，教学大纲和考试对学生的作文要求并不高。无论是中考作文，还是平时的写作，只要愿意写，养成写作的习惯，在短时期内写出 600 字，甚至是 1 000 字以上的作文或作品，都是很容易的。因此，作文也好，其他的写作也好，关键是养成习惯，而且每次作文都要尽量写得长一些。也就是说，关键在于想写，要坚持写，要尽量写长一点。

一、如何写得长一点

先读下面这个微童话，这是我专门为小学生写的一篇微童话。这样的微童话只有 150 字左右，可以独立为一个故事，但也像一个故事核。如果会讲故事的爸爸妈妈读了，可以直接把它当作一个故事来讲给孩子听，也可以作为一个故事核来扩展故事，再讲给孩子听。

这样的微童话，对快速提高小学生和中学生讲故事的能力，是非常有用的。会讲短故事，会写小童话，自然也能快速学会作文，当然也能快速学会童话创作。

长耳朵村的新客

谭旭东

长耳朵村来了一位新客，它是短耳兔，大家觉得奇怪，都围着它看。"兔子都是长耳朵，短耳朵怎么也叫兔子！"长耳朵兔们纷纷议论。短耳兔实在受不了大家异样的眼神，只好离开长耳朵村，长耳朵村恢复了平静。但短耳兔带走了长耳朵村自闭的名声，森林里从此有句俗话，说：你们做事怎么像长耳朵村！（选自《谭旭东微童话》，未来出版社）

下面，我们来做一个扩写故事、让150字的故事变成600字的实验。

1.描绘一下长耳朵村的场景，让读者看看这个故事发生的地点是个什么样的"村子"。（这里需要描绘，即加一个景色描写。）

2.长耳朵村的村民是什么样的？长耳朵兔的样子如何？短耳兔的外貌也可以详细描绘一下。（这里需要描绘，即加一个对故事形象的描绘。）

3.长耳朵兔们的议论可以写得详细一些，把不同的议论用对话表现出来。（故事形象和角色要有对话，加入对话以及对话时的神态、表情与语气。）

4.给故事加一个形象——一只善良友好的长耳朵兔，让它在短耳兔受到长耳朵兔们的议论时，给予短耳兔及时的安慰。（这里需要加一个形象，还要有对这个形象的外貌、行为举止和性格的描绘，以及这个形象和短耳兔之间的对话。）

5. 短耳兔离开长耳朵村，去了哪里？（加一个地点，并且描绘一下这个地方，还要描绘短耳兔在这个地方过得怎么样、是否受欢迎、是否交了新朋友。）

6. 长耳朵村自闭的名声是怎么传播的？（这里要详细写一写。）

增加以上 6 项，故事就变长很多，至少可以达到 600 字以上。那么，怎么让这个 600 字以上的童话变美一些呢？

以下是变美四招：

1. 描绘景物、形象和动作行为时，加上形容词、成语和比喻句。

2. 描绘动作行为时，可以用夸张手法。描绘外貌时，也可以用夸张手法。

3. 写对话时，可以用幽默的语言。

4. 对故事发生的结果给予一定的思考，写几句富有哲理的话。

二、如何写好生活故事

中考和高考作文，一般是鼓励写生活故事。北京高考有想象作文题，但一般考生也会选择写生活故事，因为写生活故事心里更有底，而且不会突然觉得没话说。

写生活故事和写想象故事的基本道理是一样的。先要想办法写长，再来修改、锤炼字句和表达，让故事变得优美动人。

事实上，中考任何一个主题，都可以通过写生活故事来表现。日常生活中的人、事、物、景都可以通过叙述、描绘、陈述和对话等呈现出来，并被赋予美与意义。举个例子，我们来写一个生活故事——《"烟花"来了》。它是一件事，但要写好，要从叙述和描绘两个层面展开：

故事题目	写作的层面		
"烟花"来了	叙述部分	烟花怎么来的	
		烟花何时来的	
		烟花来了，发生了什么	市民怎么样
			街道怎么样
			社区怎么样
			城市发生了什么
	描绘部分	整个天气的描绘（突出变化）	
		具体某一个社区或街区的描绘	
		作者自己看到的景象的描绘	

以上，就是写一个生活故事最简单和直接的方法。这个生活故事要想写得生动，有三点要注意：

1. 叙述时要用好动词。

2. 描绘时要用好形态词和修饰性的比喻和拟人手法。

3. 对"烟花"的发生做适当的评价，表达自己的感受和感悟。

三、假期是练笔的好时机

对中小学生来说，平时作业多，学习任务有一定的量，必须按时完成，不能"欠债"。因此，节假日就成了练笔的最好时间，建议大家抓住这些整体的或零碎的时间进行写作练习，尤其要有针对性地进行有一定长度的作文练笔。

假期写作练习要注意四个方面：

1. 每次练习，一定要写出一篇完整的文章。不能写半截就放弃。

2. 每次写完一篇文章，一定要尽量修改，把它写得美一些，推敲一下词句，运用一些技巧。

3. 每次写好一篇文章，都要想一想，这篇文章是否可以拿出来读给家人听或拿给同学看。

4. 如果有特别要好的同学，不妨把每次练笔发给同学点评一下。

最后，给大家布置一个小练习：

题目：写作可以让我们更丰富

要求：写一篇 600 字的作文，看看自己能否用上面给出的方法，在 40 分钟内完成这次练笔。

第 10 课　写好作文要注意哪些事项

很多家长和语文老师都特别关心孩子的作文，尤其希望孩子在很短的时间内就写好作文。这种心理可以理解，但作文的学习是不能急的，要注意一些方法，避免一些问题。下面，对于写好作文要注意哪些事项，我来谈几点看法。

第一，多读书，处理好读书与作文的关系。

读书和作文之间的关系，可以打一个比喻：如果你买了一盒积木，按照积木盒里给的图案来拼积木，就好像是在读书，要学会按照给的图案拼积木。作文则像是按照你自己的拼法、想法来拼积木。而要拼出属于自己的美丽的文字城堡，有一个前提，就是你要多读书，多拼别人给定了图案的文字的积木，先学会一些基本的知识，感受到文字的快乐与美；有了这样的感受，你在作文、写作时就不会觉得难。

第二，不要照搬别人的作文。

不要学别人如何开头、如何结尾，更不要把别人的优秀作文的开头和结尾背下来，放到自己的作文里。这样做其实是在抄袭。照搬别人的作文一时可以应试，但你并没有真正理解作文是什么，也没有学到真正的作文方法。作文写的是自己的体验，要写出属于自己的文字，讲自己想讲也能讲的故事，表达自己想说也能说得清楚的观点，描述自己熟悉的景物。如果照搬别人的作文，那就不是模仿，而是造假。造假作文不能写，写得多了，那就不只是作文的问题，而是文品的问题了。造假作文写多了，你就不会创新、不会思考了。

第三，作文不要动不动就用好词好句，不要动不动就引用唐诗宋词、名人名言、格言警句之类。

好的作文，就是要说自己的话。要鼓励孩子用自己的话讲故事，用自己的话表达观点，用自己话来描述事物。所谓个性化作文，其实就是要说自己的话。个性化作文不是要孩子用很多修辞，要写得多么华丽、多么巧妙，它是自己的作文。每个人都有自己的个性，每个人说话、做事都有自己的特点、脾气和风格。同样，每个人的作文都应该有自己的特点、脾气和风格。如果一个孩子写出的作文和别人的一样，那说明这个孩子还不会写作文，或者说没有写好。

第四，作文要循序渐进。

不要一开始就要求孩子写出最好的作文，或者达到中考、高考作文的要求，尤其不要一开始就期待孩子变成作家。作文，与烧饭、做菜、烤面包和做饼干一样，得先学简单的，再逐渐做复杂的。比如学做饭，要先学会煮饭、煎鸡蛋、炒青菜、做蛋炒饭之类简单的，然后再学做大餐、套餐、厨艺复杂的饭菜。有的家长和语文老师一开始就要求孩子的作文要达到多少字，还要求语言生动、形容词多、情节丰富、人物性格鲜明、心理活动细腻，等等，这些都是高要求。其实，这样的要求家长和老师自己也不一定能达到，但家长和老师却早早地要求学生这么做，这是不合适的。

第五，不要怕记"流水账"。

如果孩子能够把"流水账"记好，说明他叙述、讲故事的能力已经基本合格，这时候，只要告诉他从"流水账"里挑出最有趣、最值得讲的事，写得更细致、更丰富有趣一些就可以了。刚开始学写作文时，多记"流水账"未尝不是好事，尤其是一二年级时学写话，不妨鼓励孩子记录下每天发生的事，只要记录出来了，写得清楚、有条理，就可以了。到了高年级，孩子自己会学会筛选。那种动不动就提炼素材、表现主题的做法，对作文不一定是可行的，反而让人觉得很老套。

第六，多鼓励孩子。

尤其要鼓励孩子练习讲述身边发生的故事，比如家里发生的事、班级发生的事、在街上看到的事。让孩子从身边的故事讲起，学写作文就会很容易。到了三四年级的时候，千万不要过分拘泥于记叙文、议论文和说明文的写法，不要面面俱到、平均用力。先让孩子学会讲故事，再引领他们写好作文，就会变得很容易。三四年级时最重要的是要培养孩子对作文的兴趣，要让他们爱写、喜欢写作文。有了兴趣，孩子到了五六年级就不畏惧作文了，那时候，他想怎么写、写什么，就都不是什么问题了。

总而言之，只要我们有耐心、讲科学，多鼓励孩子，多激发孩子，作文不难学，400 字、600 字甚至 1 000 字以上的作文也都不难写。相信孩子，给孩子耐心，给孩子创造的机会吧。

第11课　当我看到作文题目

"每次看到作文题目，我都不知道如何下笔。"

"当我看到作文题目，我就很紧张，不知道怎么写。"

这是我做讲座时听到的两位小学生的话。也有家长对我抱怨，说她的孩子看到作文题目不知道写什么、不知道怎么写。

其实，写作文的确需要学会审题。什么是审题？就是要理解作文的题目，知道要写什么。然后选择你要写的内容，再考虑如何组织文字。

比如，当你看到这样一个作文题目：《我很感激他》。这样的题目，要怎么理解？很显然，这是写人作文。作文一定要写他这个人，要讲述一两件他的事，还要表达你对他的感激。因此，在写的时候，就要注意写他对你的鼓励、提醒或帮助。如果你不写一两件事来证明他值得你感激，那就说明你没看懂这个题目。当然，因为每个人感激的对象不一样，可以根据实际情况写成：我很感激我的某位老师，我很感激我的某个同学，我很感激我的爸爸或妈妈，我很感激我的外婆，我很感激警察叔叔，等等。只要明白了这一点，把题目定准了，就知道怎么写、写什么了。

我读过一篇散文，是一位作家写的，他表达了对曾经伤害过自己的人的感激。意思是，如果没有那个人伤害他，他就不会奋发图强，就不会有今天的创作成绩。这种"感激"也是有意思的写法，但对于学生来说，他们很难有这种感受。

有一次，我看到一份小学语文期末试卷上的一个作文题目：《给幼儿园老师的一封信》。这个题目一看，就要注意四点：第一，这是一封信，因此要按照书信的格式写。第二，是给幼儿园的老师写的，当然，最好从中选择一位老师，而不是写给幼儿园里所有的老师，所以具体来说，最好写成"给幼儿园某位老师的一封信"。如果写成"给幼儿园全体老师的一封信"也可以，但作文这么写就显得不那么真实了。第三，给幼儿园老师写信，最好是汇报自己在小学的学习与生活，可以列举一两个方面的进步与收获，向老师汇报，同时也可以写出自己对小学生活的理解，并表达要继续努力学习、争取优秀的愿望。第四，要表达对老师的问候和感谢。只要写了以上几个方面，《给幼儿园老师的一封信》这篇作文的内容就没有写偏题。

我还看过一个题目：《尝试》。这是一个小升初的作文题目，有些孩子反映它很难写。有位家长也和我沟通，说自己的孩子没写好。

这篇作文，其实就是要写"经历""感受"和"感悟"。先要想一想，自己尝试过什么。尝试过烧饭？尝试过包饺子？尝试过独自上街？尝试过独自购物？尝试过翻跟头？尝试过跳绳？尝试过演讲？尝试过参加作文比赛？只要你在学习、生活中尝试过的事情，都可以写进来。可以写自己尝试做的一件事，也可以讲述自己尝试过的两件事。无论讲述一件事还是两件事，都要尽量把尝试过的事写得详细、生动，把过程写得有细节、有动作、有对话、有观看你尝试的人的感叹之类，然后表达自己的感受、感悟和收获。当然，作文的最后还要表达自己愿意再次尝试、也敢于尝试的信心与勇气。

前面只是拿具体的作文题目来谈审题，相信你会有所感悟和理解，知道什么样才算是理解了作文题，怎么写才不会偏题。不少孩子写作文时容易偏题，甚至完全跑题，就是因为审题不够，没有理解好题目就匆匆下笔。因此，在写作文之前，要花足够的耐心把题目看懂。

那么，如何学会审题，克服跑题、偏题的现象呢？我有三个建议。

第一，读几篇名家的写人、记事散文，看看标题与内容是否契合。

看一看，名家的散文是如何写一个人、讲述一件事的，当然，要结合标题和内容来认真品读，感受其标题和内容之间是否有很好的契合度。比如朱自清的散文《荷塘月色》，从题目来看，就是要描绘"月色"，而且是"荷塘"的"月色"。当然，观赏了荷塘月色，还要表达自己的心情，表露自己的情绪。在读的时候，要看一看朱自清这篇散文的题目与内容是否契合。

第二，先读一篇名家散文，再写一篇名家同题作文。

比如，读了冯骥才的散文《珍珠鸟》，你可以写一篇《虎皮鹦鹉》《麻雀》《喜鹊》《野鸭》或《我家的小鸡》之类的散文，看看你是否也能把你熟悉的小鸟或小动物的特点与习性写出来，并且写出你对生活的态度。一般来说，作家写小鸟、小动物、小景色，都会写出自己热爱生活的态度。你得仔细琢磨，不要把这些内涵性的元素遗漏掉。写同题作文很锻炼作文理解力，也很培养作文能力。

第三，找几个作文题目，和爸爸妈妈或者同学讨论一下怎么写。

看看这些作文题目应该写什么、怎么写才合适。比如，《我错怪了他》《生活处处有美》《美好的回忆》《一份难忘的作业》《家中趣事》《意外的惊喜》《老鼠的自述》等，找几个这样的作文题目，和同学一起讨论，或者请教爸爸妈妈（他们的观点都对自己写好作文有帮助）。

以上介绍了几种简单可行的方法。当然，要提高作文能力，一定要读写结合。不过，一般来说，语文老师做的读写结合训练是在课堂上直接给学生读一篇或几篇文章，然后让学生仿写。我这里介绍的三种方法，可能更适合培养作文兴趣、提高作文能力。课堂时间有限，仿写往往效果不好，大家不妨在课外试试上面三种方法，相信会有很好的效果。

第12课　怎么突破"流水账"

孩子初学作文时会遇到很多问题，比较典型的是，写的经常是"流水账"，作文平铺直叙，没有味道。我在做讲座的时候，有些语文老师总反映这个问题，他们也很困惑，不知道如何解决这个问题，让学生一开始学写作文就能够重点突出、抓住要害、阐述好观点、讲好故事。前面我也讲过记"流水账"的问题，我在《读写童年：谭旭东帮你抓孩子的阅读与作文》一书中也专门谈到了记"流水账"的问题，告诉家长和语文老师不要害怕学生记"流水账"。初学作文时，学会记"流水账"不是坏事，只要稍加鼓励和引导，就可以让学生学会讲故事。下面，我来具体谈谈如何突破"流水账"。

第一，要肯定，记"流水账"不是错误、不是坏事。

语文老师不要看到孩子记"流水账"就批评和否定他们，家长看到孩子的作文是"流水账"更不要生气，因为那样做是不妥的。孩子初学作文时，需要有信心，需要受到鼓励，也需要好的方法。与其批评孩子，不如给孩子信心和方法。一般来说，小学三年级才正式学写作文，这时孩子的识字量一般在 3 000 个汉字左右；有的孩子因为家里缺乏读书环境，没有读太多课外书，平时就是看电视，可能还认不到 3 000 个汉字。即使有的孩子识字量达到或超过了 3 000 字，也并不意味着他们的阅读理解能力就很强。因此，在这种文字水平上学习作文，其实并不是那么简单。语文老师在开始教作文时，不要提太高的要求，不要把孩子当作成年人或者作家，而要知道他们只是初学作文的孩子，得让他们渐渐地学会表达，学会叙述一件事，学会抒发一点自己的感情，学会表达一两个自己的观点。孩子自己也要注意学习，每次作文都要尽量把事情讲清楚，把观点表达清晰，把看到的、听到的话传达得明白，把身边的景色描绘得真实一些、生动一些。可以先写简单的话，渐渐地把句子写长一点、写生动一点。

第二，要注意，记"流水账"是讲故事的第一步。

刚开始写作文时，记"流水账"不是问题，反而是一件好事。要鼓励孩子多记"流水账"，等到他们越记越长时，就可以鼓励孩子把"流水账"里最有趣或者最没意思的事写出来，写得详细一些，再谈点自己的看法，表达一些自己的见解，这样，"枯燥的流水账"就变成"有趣的故事"了。比如，语文老师布置《快乐的一天》这个题目，如果把一天从早到晚做的所有事都记录下来，就是记"流水账"。如果从一天里选择一两件快乐的事讲述出来，然后谈谈自己的看法，表达自己希望天天快乐的心情和愿望，就不是记"流水账"了。可能有人会说，他不快乐，怎么写《快乐的一天》？这个问题不存在，你不可能天天不快乐。在学校里生活，每天同学间的趣事就有很多，看到的、听到的趣事都可以变成《快乐的一天》的素材。初学作文时，《快乐的一天》《放学路上》《快乐的周末》《课间趣事》《难忘的一次……》《我最喜爱的人》等题目，都可以用来练笔，因为这些可以从生活中找到素材，让孩子学写身边的人和事。在写了这些题目后，再鼓励他们写不快乐的事、无趣的人和事，也可以写没意思的事，这样，孩子就不会觉得老师只让他们写好人好事。我们出的作文题目不要总是那么刻板、教条，要允许孩子表达老师并不认为是正确的观点。这样，在有效的指导下，孩子就能克服记"流水账"的问题。

第三，要把"流水账"变成"好故事"。

记得有一次，我到一所小学给孩子们做讲座。有一个孩子问我："谭叔叔，怎么把故事写得有意思？"我说："孩子，你可以先写微故事、微童话。"然后，我当场把我做讲座的事叙述了出来，并告诉孩子，这就是一个故事。我是这样讲的：

今天，我特别开心。语文老师请来了会写童话的谭叔叔，他来到了我们班，给我们做讲座。谭叔叔个子不太高，相貌平平，但他的讲座很有趣，他给我们讲了小时候读书的故事，还让我们多读好书，养成良好的读书习惯和学习习惯。时间过得真快，谭叔叔讲了一个小时，该离开了，我们也要放学了。真希望谭叔叔下次还能来，给我们多讲一些童年的故事。

讲完这个故事，我只用了100多个字，很简单。我告诉孩子，这个故事其实大家都会讲。孩子们都点头。

我对孩子们说："你们想让这个故事变得更长、更生动一些吗？"孩子们又点头。

于是，我又说："谁有什么办法让这个故事变得更长、更生动一些？"

孩子们纷纷举手。有的说："谭叔叔，可以把您的外貌描绘得更详细一些，可以写出您的表情。"

有的说："谭叔叔，您讲的故事没说出来，还可以详细说出来。"

有的说："您做讲座时，有同学讲小话、做小动作，也可以写进来，这样故事就很有趣。"

有的说："谭叔叔，我发现您很有耐心，您还做手势，还注意看着我们。"

有的说："您讲的要养成好的读书习惯和生活习惯这点很好，对我们很有启发，也要写出来，对别人也有启发。"

孩子们七嘴八舌地说，都在补充我的故事。我对他们说："刚才你们说的，我列出来，把它们一一补充到我的故事里，这样一来，我做讲座的短故事就变成一个很生动的长故事了。"

语文老师在现场也很受启发，我对她说："你可以先让学生写短故事，然后用这种办法来启发孩子写长故事，写有趣的、生动的故事。"这样讲故事，很容易解决记"流水账"的问题。

在具体的作文教学中，有的语文老师喜欢动不动就讲"构思""立意""升华主题"等概念，这些对小学生和初中生来说都太空洞，也太抽象。他们很难消化这些枯燥的词语和概念，不如用更直接的方法来点拨他们，启发和培养他们写作文的兴趣。

第13课　有素材，却写不好作文

一位小作家培训班的老师对我说："谭老师，现在孩子们写作存在的问题是：很多学生有好的素材，提笔却写不出满意的作品。如何让孩子把记叙文的事件写具体，这是学生作文面临的最大困惑。"

这个问题在我给语文老师做作文教学讲座时，老师们也有反映。有的老师为了解决这个问题想了很多办法，可是效果不明显。有不少孩子的确素材丰富，有的素材非常好，比如遇到了一个好人、目睹了一件好事，但就是讲不好故事，不能把这个人的言行形象地描绘出来。当然，也有老师认为孩子写不好作文、缺乏写作能力，是因为天天生活、学习在家庭和学校，素材不够，缺乏典型的事例，因此，他们会带着孩子走出校园，去寻找素材，寻找好的作文题目。

一般来说，对这样的问题我有两种回答：第一，之所以有很好的素材却写不出令人满意的作品，很可能是因为老师要求过高。有的孩子把故事讲完整了，也把有趣的情节写出来了，甚至在描绘景物时很用心，但老师并不满意，觉得不完美。这种情况就不是孩子的问题，而是老师评价作文的尺度太高。第二，有的孩子的确不会讲故事，也不会描绘景物，自己的观点也表达不清晰。对这种情况怎么办呢？我觉得，老师要传授讲故事的技巧，让孩子把值得讲也很有趣或者很吸引人的故事讲好。生活中并不是天天都能遇到好人好事，也不是每天发生的事情都特别有趣，况且对很多有趣味的事并不是每一个人都有同样的感觉。所以，讲故事首先要尽量讲得完整，在讲完整的基础上，再抓住故事里最有趣的言语、动作、表情和心理来描述，让故事的主人公显得立体一些，让故事发生的过程生动一些，这样就达到了把故事讲好的目的。

那么，如何提高孩子的作文能力，让他们把素材利用好、把故事讲好，而且把故事讲得具体又生动呢？我觉得可以从三个方面来进行思考和训练。

第一，从对语文的理解谈起。

为什么很多孩子不会作文？这与语文教育教学有关，可以说，作文没抓好，很大程度上是语文教育教学的问题。小学低年级时，语文老师一味地让孩子读拼音写词语，只做记忆性学习，而忽视了语文最关键的一个环节，也就是如何用词、如何组装文字。其实，学拼音是为了认字，那写字、背词是为了什么呢？如果孩子记了很多词，却不会组装文字、不会作文，岂不是白背、白记了？所以，一定要纠正语文教育教学的基本观点，让语文学习回到正确的轨道上来。在小学低年级时，一定要抓孩子的组词能力和用词语表达的能力，也就是读写能力。小学低年级不抓这些，到了三年级开始教作文时再抓，效果就不好了，因为孩子不知道为什么作文、怎么作文。

第二，作文，尤其是写记叙文，一定要有逻辑思维能力的训练。

一篇文章要组装好、一个故事要讲好，是有逻辑的。比如写一篇记叙文，老师就要告诉孩子，要把故事发生的顺序写出来，故事是在何时发生、哪里发生、如何发生的，都要写清楚；故事里谁是主角，他说了什么话、做了什么事，大家是怎么想的，故事最后的结局如何，等等，这些都要清晰地表达出来。这些都是有逻辑、有条理、有顺序的，不能随便写。每一件事都有一个发生的过程，在这个过程中，谁和谁发生了矛盾、谁做了什么、谁说了什么、谁想了什么，这些就是具体的细节和情节。在教记叙文写作时，老师要在课堂上把这些呈现出来，和孩子一起讨论和思考，这样才能让孩子知道如何讲故事、如何把故事讲得生动又具体。

第三，语文老师要启发孩子，从生活中寻找素材，而不是模仿课本里的课文。

目前的语文课本里，大部分叙述性的课文都是删节版，或者是教材编写者集体编写的，故事不生动，也缺乏示范性。因此，以课文为模仿对象，效果反而不好。建议老师和家长多在课外带孩子读一些生动的故事，也可以读一些优秀的作文，让孩子从示范性的文章里找到作文的技巧。一般一篇好的记叙文，要么故事讲得很流畅，其中还有一两个小细节描绘得很生动；要么故事过程本身就很有趣味、有悬念和吸引力。孩子在读他人的作文时，可以感受，可以感悟，可以学习。

下面以一个作文题为例，谈谈如何写好记叙文。在一份小学六年级的语文试卷上，我发现了这样一个作文题目：《温暖》，要求"写一篇表现人与人之间真诚关心和帮助的事"。

一看到题目《温暖》，首先想到的是，这篇作文讲述的人和事一定与作者有关，不然别人温暖不温暖你又怎么知道。只有自己经历过别人的关心和帮助，才会真的感觉到温暖。所以，写这篇记叙文时，一定要选一两件别人关心、帮助你的事。动笔之前，先好好回忆一下：谁帮助和关心过你？其次，这篇记叙文要讲的故事，一定要是"关心和帮助"这个主题，那就得选一两件别人关心和帮助你的学习或者生活的事来写。因此，要好好筛选，看看学习、生活中遇到的老师、同学和其他人，谁属于这个范围，谁最值得你写，谁让你感觉最温暖。到了这一步，就可以动笔写了。在写的时候，尽量把故事讲得生动、细致一些，能做到这些，你就能写一篇不错的作文。

当然，《温暖》这篇作文的最后，还要对关心和帮助过自己的人表示感谢、感激，最好还要表示自己也要像这个人一样，去主动关心别人、帮助他人，让大家的生活更加美好。这样一来，作文的主题突出了，也有了教育意义。

第14课　从三个方面描绘一个人

中小学作文也好，日常的写作也罢，描绘一个人是一种基本功夫，而且如果能够描绘好一个人，描绘一个景或物就容易多了。

描绘一个人，一般要从三个方面来写：人的外貌如何，人的衣着如何，人的神态如何。下面，我来具体说一说。

第一，描绘一个人的外貌。

一个人的外貌，也有人说是"相貌"。平常总有人打听某一个人，会好奇地问："这人长什么样？"这是对外貌的好奇。也说明，一般人都喜欢直观地了解别人。长什么样是直观的印象，外表虽然说明不了全部，但也能给人留下直接印象并使人产生好感。

练习外貌描绘时，不妨在以下表中进行练习，比如，描绘"脑袋"时写一句话或者用一个比喻句。

脑袋	他的脑袋圆圆的，走路说话时总是一摇一晃，看起来就像一个大西瓜在晃动，给人奇怪的感觉。（这比单纯的"他的脑袋圆圆的"要生动有趣。）
头发	
眼睛	
耳朵	
鼻子	
嘴巴	
脸颊	
下巴	
脖子	
肩膀	
双臂	
腰	
身材	
腿部	
脚	
背影	

第二，描绘一个人的衣着。

衣着打扮也是人的外表的一部分，但它和外貌是有区别的。从衣着打扮可以看出人的性格，甚至反映出一个人的生活方式。当然，从衣着还可以看出一个人的经济状况、职业和精神状态。所以，描绘好一个人的衣着是很重要的。

练习对衣着的描绘，可以从下表开始。找一个熟悉的人，先描绘她的外貌，再描绘她的衣着打扮，尽可能用生动的句子，用一些比喻、夸张的手法，体现这个人衣着的独特之处。

帽子	
围巾	
上衣	
裤子	
鞋子	

第三，描绘一个人的神态。

如果说描绘外貌和衣着还只是从外表来看一个人、判断一个人，那么描绘一个人的神态，就是真正地从相对内在的角度去了解一个人、判断一个人了。神态，就是一个人的精神状态，通常是这个人心情的外露、气质的外露、精神的外露。描绘要传神，就是要把一个人的心情、气质和精神传达出来。描绘一个人的笑容、说话的声音和语气、表情特征、走路的样子、做事时的精神状态等，都是对神态的描绘。

笑容	
说话的声音和语气	
表情	
走路的样子	
做事时的精神状态	

值得注意的是，在描绘一个人时，除了进行以上三方面的基础描绘，还要在开头谈一谈对这个人的第一印象，在结尾再谈谈对这个人的总体印象和看法。

思考一下：描绘一个景和描绘一个人，有何不同？这样的对比性思考，会让你在描绘一个人或一个景时，更留意去抓住人或景的特征。

第15课　身边的人值得写

很多人总觉得没有素材。其实，素材不是问题。身边的人和事、每天的见闻和感受，还有阅读和思考，都是可以写出好文章的素材。

一、提高认识：身边的人最值得写

写好作文，要提高认识。有了正确的认识，就容易找到方法。有的孩子老说生活很枯燥，没有写作的素材，很大程度上是因为心灵不够丰润，对生活缺乏热情和爱。还有一个原因，就是缺乏对写作的基本认识。给小学生和中学生指导作文时，我常说"身边的人最值得写"，并提醒他们要形成以下几个方面的认识：

1. 身边的人是最熟悉的人，也是最有故事的人。

2. 爸爸妈妈是身边最亲近的人，也是物理距离和心理距离最近的人，因此对爸爸妈妈的观察、感受和理解应该是最深的。

3. 熟悉爸爸妈妈的孩子，才是最正常的孩子。不熟悉爸爸妈妈，说明孩子和父母之间有代沟，甚至是缺乏交流和相互信任。

4.写一写身边的人特别是爸爸妈妈的故事，也是在表达对他们的信任，当然也会建立起和他们之间的信任。

二、找到方法：写出特点和情感

有了以上的认识，要写好身边的人就不难了。那要怎么写呢？抓住以下几个方面，就可以写出不错的作文来：

1.身边人和我的关系如何？（这个人是我的父母还是其他亲人，我和他或她之间的关系如何？或者这个人是我的同学还是朋友，我和他或她之间的关系如何？）

2.身边的人外貌如何？（外貌描写主要是对一个人的五官长相、身高体重和衣着进行描绘。）

3.身边的人性格如何？（有什么样的性格？性格的特点如何？这种性格是否影响到我和他或她之间的交流交往？）

4.身边的人最喜欢说什么、做什么？（这是对身边的人的语言和行为的描绘，可以抓两三个典型的例子来写。）

5.身边的人对我怎么样，我有没有和他或她发生过矛盾？（这不只是简单地描绘两人之间的关系，还要叙述交往的细节，甚至是两人之间的冲突和矛盾以及化解的方式。）

6.我和身边的人现在关系如何？

三、例文欣赏

下面是一个孩子的两篇作文，写的都是身边的人，而且都是写

"妈妈"。

《好苹果坏苹果》：一看题目，好像不是写人，以为是记事或状物的。但读完就知道了，它是写身边人的记叙文。苹果是最有营养的水果，妈妈爱孩子，让孩子坚持吃苹果。但苹果很贵，妈妈自己舍不得吃。于是，作者想了一个办法，让妈妈吃了一个"坏苹果"。这一定是生活中发生的真事，因为作者写起来很自然，而且读了让人很感动。从吃"坏苹果"体会妈妈的爱，这篇作文写得好，也写得感人。

《我的妈妈》：与《好苹果坏苹果》相比，写出了妈妈的不同特点和性格，但有一点是一样的，那就是妈妈对"我"的爱是一样的。看来，王照宣掌握了写人的技巧。以后多多练笔，多写写身边的亲人、老师和朋友，就能更好地写出他们不同的特点。

好苹果坏苹果

王照宣

我家生活不算太富裕，但妈妈每次上街有一样必买——苹果。因为小升初要到了，所以妈妈一个劲儿地给我补充营养，让我吃苹果。

每次我在复习、写作业时，妈妈就过来给我一个苹果，查查我的作业，还说："别把苹果汁滴在本子上、卷子上！"

早上，我要上学了，妈妈除了一成不变地叮咛，还会给我一个苹果，并说："课间一定吃了啊！"等我放学，妈妈还会查查我吃了没吃。

晚饭后，妈妈会拿出一个苹果盯着我吃。她目不转睛地看着我吃完才让我去写作业，无论有多少堆积如山的作业要做也得先吃苹果。可是，每每我让妈妈吃苹果，她一会儿说不想吃，一会儿又说要吃晚饭了。为了让妈妈吃苹果，我设计了一条"妙计"。

什么时候开始实施这个计谋呢？我正想着，妈妈买菜回来了，还一如既往地买回了苹果。天助我也！趁妈妈在厨房里忙活，我把一个苹果在墙上先磕软了一块，又若无其事地走进厨房洗干净，还在上面咬了一口，然后放在餐桌上等着妈妈来"过问"。果然，妈妈从厨房里出来看到咬了一口的苹果，就问我："怎么只吃了一口？""啊，这个苹果坏掉啦。""啊？是吗？"妈妈一边说着，一边拿起苹果吃了起来，"买的时候没有挑好，幸好只坏了一个。"看着妈妈有滋有味地吃那个"坏苹果"，我感觉眼睛里面湿湿的……

我的妈妈

王照宣

我的妈妈既是我的朋友，又是我的"敌人"。

在我考试成绩不好时，妈妈不断地安慰我，告诉我伤心是不能解决问题的，要吸取教训。然后，她会帮我分析试卷、讲解错题。

当我有不开心的事时，我的妈妈也会帮助我找到解决办法。

有时，当妈妈看到了好书、适合我读的名著时，她就从网上书城买来给我看，丰富我的知识。同样，当我需要学习用品时，妈妈也会尽快为我准备好。像这些情况，妈妈是我的朋友，帮助我。但当她生气了，或我做错事了，她就变成了"敌人"。

比如，当我背英语单词时，我不爱写出来，只愿意口头背诵；遇到不会的就糊弄一下，不愿在纸上拼写。妈妈就逼我写，我故意写得又乱又难看。这时，妈妈就会冲我发脾气，让我重写、不许糊弄，然后耐心地说："写出来能强化记忆，还练习了字母书写呢！一定要好好写。"我现在已经不敢再糊弄了。

妈妈还往往是我坏习惯的"敌人"，也是我养宠物的"敌人"。每当我趴在床上看书、写字头太低、吃零食的时候，她就会神一样地出现，坚决纠正，斗争到底。我喜欢宠物，但她觉得：狗掉毛，猫也掉毛，每天猫狗光吃饭就花了很多钱，还要为它们洗澡，万一身上有了细菌或跳蚤怎么办？还好，我要养金鱼，妈妈同意了，还和我一同欣赏我的水族箱。我也理解妈妈，就不再吵着要养猫养狗了。

这就是我的妈妈，我爱她！

小练笔：找一个身边的人——父母、发小、同学或老师，都可以，写一写他们。不少于 500 字，当然，写到 1 000 字以上更好。

第 16 课　让大事件成为作文素材

作文一定要有素材，就像烧饭做菜要有食材一样，不然，谁能做"无米之炊"呢？但好多学生总反映作文缺素材。而且有的语文老师也喜欢强调这一点。好像学生生活比较单调，一般都是"学校—家庭"两点一线，没有什么变化，也没有什么波澜起伏，更缺离奇的经历，似乎缺素材是自然的事。其实，从内涵来说，素材有两个方面：一是小素材，二是大素材。小素材就是日常生活、学习，比如吃喝拉撒，比如和同学吵架、发生冲突，比如受到老师表扬，比如遭到父母责备，比如遇到小挫折，等等。这些小事要么让人笑，要么让人无奈、沮丧，甚至悲伤、愤怒，但都是经常发生的，不那么精彩，因为别人大都经历过，感受也都差不多。大素材就是大事件、大灾疫、大喜事等，这些并不是每个人都经历过的，或者说，并不是每个人都有切身体验、有深刻的感悟。所以，要把突发事件、重大事件变成作文素材，是有难度的。

但素材对作文虽说很重要，却并不是一个紧箍咒。如果总拿素材说事，作文就写不好，很难长进。关键是要善于把素材进行转换，有效消化。那么，怎样转化日常生活中的素材，怎样转化突发事件、大事件等素材呢？我来谈三点看法。

第一，要重视语言文字的表达。

无论小学生还是中学生，都是读书人。读书人和不读书的人是不一样的，他们之间最大的区别是什么呢？如果你是一个读书人，不刻意去做什么，怎么能把你和没读过书的人区别开来呢？我觉得就是语言文字。读了书的人，有一个重要的工具，就是他认识很多字，而且会用这些文字组装句子、组装文章，编成诗、散文、故事和其他具有美感、闪烁智慧的作品。所以，要习惯并善于用语言文字表达，而且要想办法把生活中点点滴滴的事件和经历用恰当的词语和句子叙述、描绘、倾诉和抒发出来。孩子读小学时就要培养这种意识，这也是语言习惯的问题。如果看到什么、想到什么，有了喜怒哀乐，但没有用语言文字表达的自觉，就说明语文没学到位，至少语文学习的基本能力不够，至多就是识了一些字，会背诵些经典篇目之类。这也是死读书的表现。读了很多书，背诵了很多课文，却不会表达，不会用大家都熟悉的字、词、句去表达，这就是死读书。死读书的书呆子，就好像是一个只会把各种东西塞进肚子里，却从来没有好好消化、产生新陈代谢的人一样，何谈营养和健康。

第二，要捕捉作文的契机，实现素材的转换。

在正式的语文考试中，作文当然是在试卷上写一篇有字数限制的文章。但平时的操练、训练，是在练习册或日记本上完成的，因此，日常的作文有一定的自由度。在相对自由的作文训练中，培养自己对外部世界、生活环境和其他的人和事的关注，增强感受力和洞察力，是非常必要的。有些同学在学校、家庭的学习生活中遇到了一些人和事，听到有人讲过什么故事，或听到什么传言，当时很有感触，甚至会特别兴奋，却没有想到去记录下来、用文字及时表达一下。这样下来，作文习惯没养成，重要的是，事物感受力和语言文字表达力也无从培养。大事件人人都有感受，各种媒体、渠道都在密切关注，我们没有感受是不可能的。这时候，内心里的想法，甚至是痛点，就要用文字表达出来。一旦表达，生活素材就发生了转换——某一"实事"就变成了"故事"，还带来了感受和思考。

第三，大素材要充分利用。

其实，仔细回顾一下每年发生的事，其中都有大事件和突发事件。比如，重要的全国性会议、社会热点、教育热点、世界各地的局部战争、一些比较令人瞩目的明星和先进劳模的事迹，等等，都是大素材。我们要关注大事件，要有社会意识，如果每次发生大事件，都能及时关注，并追踪一下相关报道，产生一些想法，就很容易把自己与时代对接起来。好的中考、高考作文，通常也考察学生能否把自己的成长与时代、社会联系起来的自觉性。

面对大事件，我们一定要把经历和感受写出来，要自觉地用文字表达出来。要习惯性地选择某一个角度，表达一个主题，写出显示现实敏感性的作文。

第 17 课　如何写个性化的作文

大家都知道，记叙文、议论文和说明文其实是模式作文，从小学三年级到高三，几乎每个孩子写的作文都是这三种"作文体"，语文老师教的也是这三种"作文体"。无论老师怎么变、怎么说，作文总在围绕这三种"作文体"打转。

现在，关于小学作文、中考作文和高考作文，都有套路式的写作方法，甚至不少语文教师编了各种好词好句和范文，让学生参考阅读并模仿使用，甚至有人编出"作文词典"，还有少数语文老师要求学生背诵范文。值得注意的是，即使语文老师使出了浑身解数，作文教学依然是语文教学的瓶颈。为什么？因为模式作文忽视了作文的个性，忽视了这样一个事实：每一个学生其实都不一样，都是不一样的生命，都有不一样的内心世界，都有不一样的表达方式。只有个性化作文才是作文的方向。缺失了个性化，作文只是一种模仿和复制。

那么，什么是个性呢？个性就是每个人的特性。每个人都和别人不一样，每个人都有不一样的生命体验，即使大家都生活在同一个地方，在同一所学校读书，生活经验差不多，但内心的感受是不一样的，对事物的理解也是有差异的。所以，个性最主要的是人的内心世界的差异性，也是人的精神世界的独特性。认识到了这一点，语文老师在教作文时，就应该启发孩子去思考，调动孩子的思维，开启孩子的想象力，让他们充分地展开自己的内心，把想说的话、想表达的观点和思想表达出来，而且要鼓励他们用自己的话表达自己的思想，而不是用别人的话来表达自己的思想。

我比较反对这样教作文：一开始就强调立意、强调主题。如果写作文一开始就立一个意、确定一个主题，那在写的时候，就等于先给自己的思维系上了一根绳子、给自己的想象力套上了一个罩子。尤其是对于小学二三年级的孩子，写作文一开始就让他们按照一个主题去写，要求他们有很高的立意，这种要求太高了。他们还不太明白什么是"主题"、什么是"立意"呢，就让他们按照这种固定的思维去写作文，这样做是不讲科学的，也不讲人性，自然也是反作文的。所以，我给孩子讲作文、给语文老师做作文教学讲座，就提倡一开始作文时，要让孩子讲故事，用自己的话讲自己经历的、看到的故事，或者讲自己听到的故事。如果孩子能讲自己的故事，把故事讲完整，并且尽量讲得生动、打动人，就是很成功的作文，这种作文也一定是个性化的。

我记得，小时候上作文课，有一次语文老师布置了一个题目《记一件好事》。结果，语文老师把作文收上来，发现班上一大半的孩子写的都是放学的路上砍柴送到"五保户"老奶奶家。小时候，村里有几个老爷爷老奶奶，因为没有儿女，就成了孤寡老人，他们被村里集体照顾，就叫"五保户"老人。那时候，学校要组织做好人好事，就会让老师带着学生给"五保户"老人送柴，或者送蔬菜之类的。因此，一写好人好事，大家都写到了同样一件事。但其实老师知道，并不是每个孩子都做了这样的好事；而且那几天放学回家的路上，不少同学只是在田野里嬉戏、上山捉小鸟，或者到小溪里玩水、摸鱼。可是，大家偏偏都很一致地讲了同样的故事，无非因为语文老师平常在课堂上认为"好人好事"就是帮"五保户"砍柴、给"五保户"送菜，而没有告诉学生：其实，帮爸爸妈妈做家务、帮助同学解答疑难问题、帮助身边的人，都是好人好事。而且好人好事并不一定是"高大上"的，也可以是平凡人、普通人做的小善事；或者说，只要出发点好、愿望好，就都是好人好事。如果大家都根据这种对好人好事的理解来写《记一件好事》，就会写出各自不同的作文，而且每一个人写出来的故事里会有不同的经验，也会有不同的感受。通过《记一件好事》这样的作文也可以发现，个性化作文就是鼓励学生去写自己真做的、真想的，而不是写大家都做的、都想的。想一想，如果明白了这一点，大家写的《记一件好事》还会是一样的作文吗？

因此，个性化作文给孩子提出的要求，就是希望每一个孩子都立足于自己的生活、自己的经验、自己的体验和感受，把自己真实的生活和想法写出来，尊重内心世界的感受，尊重自己的所思所想，而不是跟着别人写，或者像别人那样写。事实上，每个孩子的基本生活状态即使是一样的，生活的差异性也是存在的。比如，大家的生活虽然大都是从家庭到学校，很少参与社会实践，但在家里，每个人的生活是不同的，父母和孩子之间的交流方式也不同；即使在班上，每个人的交往圈和交友方法也不一样。因此，寻找差异是一种很好的个性作文方法。从看似相同的生活中寻找差异，从看似相同的行为中寻找差异，从看似相近的观点里寻找差异，就是个性化作文最基本的出发点。

在日常生活中，我们大部分人喜欢寻找共同点，过分认同"求同存异"的生存哲学，而忽视了一个常识，即山上每一棵树都不相同、原野上每一棵小草都不一样、同一棵树上没有两片相同的叶子。因此，追求个性、寻找差异，才是最符合人性的思维。作文如做人，求同存异好，还是发现差异、追求卓越好？我觉得，从创造力、从创意的角度来看，应该发现差异，表达个性，追求自我。所以，无论是作文还是做人，都不应该忽视个性化，不要丢失了最有价值的生命特性。

第18课　作文应是一种创意写作

　　现在很多人谈创意，谈创意写作。这两年，语文教育界突然冒出了"创意写作"这个词，不少语文老师把创意写作套到作文上，玩一个文字游戏，摇身一变，就成了创意作文专家。其实，很多人只是因为看到媒体上报道了大学里创意写作的学科活动，觉得很有趣、很新奇，于是也把作文教学改成了"创意写作教学"。那创意写作到底是什么？我想简单说一说。

　　"创意写作"是欧美高校里的一种课程模式，如英国利兹大学，美国纽约大学、霍普斯金大学和芝加哥大学等都开设有创意写作专业课程，招收创意写作硕士生和博士生，培养创意写作专门人才。欧美还有不少高校开设创意写作课程，主要针对本科生。创意写作课程的开设，就是告诉人们：人人都可以学会写作，只要愿意去学，每个人都可以通过专业的学习和训练，掌握写作技巧，变成会讲故事的人。创意写作基于写作可以教、写作是人的基本能力这一概念，这种理念和我国大学里普遍存在的"中文系不培养作家""写作是一种天赋"是不一样的，甚至是相反的：写作不是某些人的特权，人人可以学，是人的基本权利。

目前在国内，北京大学、北京师范大学、中国人民大学、复旦大学等都开设了创意写作课程。上海大学则设有二级学科的创意写作硕士点和博士点，该校从 2012 年开始招收博士生，目前已经培养出一批从事创意写作教学的大学教师，还培养了一批作家。

那么，创意写作和创意作文是什么样的呢？如何理解创意写作和创意作文？我来谈几点看法。

第一，写作是一种创造、创意。

"创意写作"的提法本身就是在强调写作的"创意"属性。没有创意的写作，那不叫"写作"。作文是一种写作，哪怕是一种模式化的写作，也应该尽量追求创意；不能在结构上有创意，也要在语言上多用一些好的修辞，不然的话，作文就达不到文字训练和通过文字训练来培养想象力与创造力的目的。

第二，每个人都有创造、创意的潜能，创造、创意人人可以学习。

写作不是天才所为，不是什么靠"天赋"来解决的问题。那种口头上挂着"天赋""天才"的人，恰是愚蠢之徒的借口。小时候读的一些作家谈创作的文章总在强调才华；尤其是一些评论家，总说这个作家有才华、那个作家有天赋。这其实是不懂创作、不会写作的人说出来的话。会写作的人知道，绝大多数的好文章都是一个字一个字写出来的，靠的是坚持，拼的是勤奋，依赖的是勇气。写作是一种语言的表达，是一种文字的交流，只要合理、合情、合适，就是成功的，就应该得到肯定。

所以，无论是小学低年级写话，还是中、高年级作文，都应该鼓励孩子写本真的文字，自然流畅地表达自己的观点和看法，清晰生动地讲述自己的故事。

第三，创造、创意的最基本特征，就是个性的发挥。

创意写作要突出个性，要把自己的个性表现出来，要让别人看到写作者自己的特点和风格。要写好作文，也要有创意，写出创意作文。不论是从科学的层面看，还是从尊重人的潜能的角度看，创意作文才是作文教学的目标，也就是前文所说的个性化作文。对孩子来说，个性化作文就是自己的学习目标。语文学习说到底检验的是写作能力，即语言的表达能力。阅读也是为了表达，或者说是为了更好地表达，因此阅读和写作之间的关系一定要理顺。作文的个性化则是语言表达能力最核心的标准。

第四，作文应该是一种创造，也是一种创意。

刻板的、规定模式的作文是重复性写作训练，但不是创意写作。传统的记叙文、议论文和说明文三种写法，写得再好，也是在做重复的写作训练，对创造力和想象力是一种伤害。智慧的语文老师即使不能改变语文教材和教学大纲，也可以改变自己的课堂，改变教育教学的方法。就作文教学而言，语文老师要尽量改变教作文的方法，给学生创意的机会，给学生突出个性的机会，同时启发他们去突破记叙文、议论文和说明文三种模式，去写比这些模式更美、更灵活的作品。即使考试不考诗歌写作，也应该鼓励孩子写诗。还可以鼓励孩子去写童话、抒情文、小说、日记或者其他文体作品。

第五，写作是堆文字的积木，是玩语言的花招，是做纸上游戏。

语文老师要告诉孩子，作文就是玩文字的游戏，就像是在堆文字的积木。写模式化作文，就好比是按照别人给的图案来堆积木；而写个性化作文，就好比是按照自己的想法来堆文字的积木。如果孩子只会按照固定的图案去堆文字的积木，说明他对文字的感悟力、理解力不够，还不会灵活运用。如果孩子能够按照自己的想法和构思去堆文字的积木，说明他对文字已经有很好的感悟力和理解力了。

以上是我对创意写作和创意作文的一些看法。创意作文具体要怎么写，需要孩子去用心实践、用心地写。相信经过努力，每一个孩子都可以写出创意作文，而且能够习惯于创意、习惯于创造、习惯于创新。

第19课　怎么写才算是"创意"

　　语文老师给作家作品写评语，通常会说：某某作品别具一格。现在大家习惯上说：谁谁谁的作品很有创意。

　　好的作文在基本形式上是讲究规范的，但在内容和具体写法上，还是要讲创意。有时候，我们读某一篇作文，会明显感觉枯燥无味，觉得它是"流水账"和白开水。那要怎么写出创意呢？

第一，不要像一般的生活中的故事那样去讲故事。

　　语文老师布置作文，一般就是记叙文、议论文和说明文三种。这三种作文里的记叙文，不少孩子写得平铺直叙，读起来没有故事的味道，就是因为作文写得太实了，与生活中看到、听到的事几乎没有区别。要让记叙文给人以新奇感、新鲜感，就得学会把生活叙事变成艺术化的故事。比如我前面讲到的，把生活中的一件小事变成童话，这就是种艺术化讲故事的方式。还有一种方式，就是当你听到一则凶杀案的新闻，想要讲这个故事时，如果直接讲述出来，会让人觉得血腥，甚至晚上做噩梦。如果转述这则新闻时把血腥的情节淡化，用《格林童话》里那种惩恶扬善的叙事方式来讲，就有意思多了。

比如要讲一个大灰狼吃小猪的故事，如果直接讲大灰狼看到了小猪，想要吃掉它，说大灰狼立刻跳过来抓住小猪，把它吃掉，这样讲就没有意思。但在《三只小猪》里，小猪们让大灰狼吃了三次，就是吃不到，最后大灰狼反而被三只小猪干掉了，这就是创意。再如要讲一个猫和老鼠的故事，如果最后猫吃掉了老鼠，故事就没什么意思，但如果最后老鼠干掉了猫，或者猫和老鼠变成了好朋友，这就是一种创意。《格林童话》等经典童话里，这种主人公要经历三次困境、最终战胜困难的"三段式叙事"，就是一种讲故事的方式，也是一种可以学习的创意。

第二，事实逻辑和审美逻辑相结合的想象，就是创意。

写作需要放开想象力。曹文轩老师说过，写作要"无中生有"。但想象要根植于生活的土壤之中，不是瞎想，而要找到事物与事物之间的相似性与关联性，即：想象时要遵循事实逻辑。"五四"时期，诗人胡怀琛写过一首儿童诗《弯月》，称有半个月亮被人偷去当镜子照。为此，鲁迅在《热风》中曾用儿歌笑道："天上半个月亮，/我道是'破镜飞上天'，/原来却是被人偷下地了。/有趣呀，有趣呀，成了镜子了！/可是我见过圆的方的长方的八角六角的菱花式的宝相花式的镜子矣，/没有见过半月形的镜子也。我于是乎很不有趣也！"鲁迅的话虽然有些让人难堪，但半个月亮被人偷去当镜子照，显然与事实逻辑不符，这就是想象不符合事实逻辑，导致失去了美感的例子。

童话作家陈梦敏在给读者讲写作童话《毛卷卷有朵灭火云》的体会

时，就说：

> 对付火灾，按照常识来说，用水就可以。水从哪里来呢？从江河里来，从水管里来，也可以从自然界中的冰雪或云彩中来。从灭火的手段中，我找到了与灭火相关的东西——云。云朵不可控制，但在眼镜兔先生的手里，却成了一项为孩子们防火防灾特意制作的新发明，还有一个有趣的名字——灭火云。这样的想象，就是从现实中生长出来的，因为目前还不可能实现，又高于现实，所以变得轻盈，变得灵动，变得富有趣味性。

陈梦敏的这一段话，通俗易懂地告诉我们，想象是基于事实的，所以联想也好，其他的想象方式也罢，都要有事实逻辑作为基础。当然，在遵循事实逻辑的基础上，再把故事写得美一些，激发起读者对美的感受力，就是比较完美的创意性想象了。

第三，塑造形象时要有创意。

怎么才能有创意？就是要写出形象不同于别人的特点。比如张天翼的小说《华威先生》，里面的华威先生就是一位很有特点的干部，总是很忙碌的样子，每次参加会议发完言，就说："我很忙，还有事，先走了。"读完这篇小说，大家都会记住华威先生，觉得他是一个可笑的形象。在讲创作童话《毛卷卷有朵灭火云》的体会时，陈梦敏也谈过形象塑造的体会，她说：

> 要把人物形象刻画得鲜明，其实是由事件来推动的。像不歪歪

大盗，他之所以可怕，不是因为他的长相，而是因为他的人物特点。是因为他能偷走一些不可思议的东西，比如一个人的笑声、一个人的秩序感……但是他也有"命门"所在，因为他有强迫症，不能忍受自己的帽子歪歪、鼻子歪歪、嘴巴歪歪、领结歪歪……所以才让毛卷卷发现了击败他的弱点。这套书对毛卷卷的外表描写几乎没有涉及，但读完这些故事，我想，大家会认为毛卷卷机灵、调皮，有时还会有点小糊涂，但对世界充满了善意。所以，毛卷卷的形象会鲜活地出现在我们的脑海之中，至于他的外表嘛，就让大家在心中按各自喜好来勾勒好了。

陈梦敏说的就是形象塑造的创意。

创意就是不同于平常、不同于一般的认识和体会，是有自己独创性的表达。我们在写作文时，要想有创意，就得好好琢磨一下，可以在哪个地方或哪个方面写出自己的创意。

第20课　怎样抓住事情发展的关键点

有一位家长问我："我女儿上三年级，爱读书，期刊、作文和儿童文学都喜欢看，但她写作文感觉提高得不快，写的事情好像抓不住事情发展的关键点，没法写完整。请问，问题出在哪里？"

这位家长的问题很有代表性。对于这样的问题，家长应该注意这几点：

第一，孩子才上小学三年级，刚学写作文，因此，写作文时遇到一些问题和困难并不奇怪，是正常的。作为家长，应该多鼓励孩子，不要对孩子有过多的要求。

第二，刚开始学写作文时，最需要做的是要让孩子学会讲故事，让孩子能够完整地叙述一件事。如果孩子要记事，就得让孩子从头至尾把这件事讲完。比如，要写一篇"课间趣事"，可以先问一问孩子：课间有没有趣事？有哪些趣事？然后让孩子选一件趣事来讲，把这件趣事尽量讲得详细一些、生动一点。当然，这时不要要求孩子写多长，只要能把趣事讲出来就很好了。

第三，每一件事都有最值得写的地方，这就是作文写作的重点。比如写"课间趣事"，事情叙述完整了，但"趣"在何处没有写出来，这样的作文就扣不上题。"课间趣事"除了要叙述一件"事",还要描述出这件"事"的"趣";没有把"趣"描述出来,这件事就不是趣事了。

前面这位妈妈的问题让我想起另一位妈妈说过的话。她对我说,她女儿要写一篇关于足球的作文,通过写自己参与足球比赛的事,来叙述说明自己是个爱足球的孩子。女儿开篇就写球赛,写她怎么做,然后突然写另一个球员怎么做,但是看不出球是怎么过去的、她和那名球员之间有什么动作联系,就写到下一步了,整个球赛不连贯、不完整;她说自己虽然没有直接进球,却是一个爱足球的孩子。我明白这位妈妈讲的是怎么回事:孩子喜爱足球,想用记叙文写她参加足球比赛的事情,但对比赛过程的描述不连贯,作文的结尾直接就说自己爱足球。妈妈的意思是,孩子的作文故事不连贯,没有抓住重点。她认为孩子要把足球比赛讲完整、讲清楚,用努力踢球来说明自己爱足球。

我觉得,如果题目是《我爱足球》,可以从三个方面写:

首先,告诉读者,自己爱足球,而且爱踢足球。

其次,讲述自己是如何爱足球的,比如自己怎么喜欢足球、怎么练习踢足球、曾经踢过什么比赛,等等,只要选取一两件事,把它们讲完整、讲明白,就可以让读者知道自己是爱足球的。

最后,最好告诉读者,自己爱踢足球,希望踢得越来越好,也希望大家都来踢足球。

下面给你出一个题目,家长可以和孩子讨论一下,该怎么写?试着写一写。

题目:爸爸的爱好

要求:字数 600～800 字,选择爸爸的一个爱好来写。

第21课　帮助孩子扣住作文题

有一位妈妈问我："为什么孩子读书不少，但看到作文题目，还是不能很快想出写什么？"

这位妈妈的问题，其实就是如何让孩子在写作文时扣题。

刚写作文时，不少孩子不能很快地扣住作文题，不知道该怎么写、写什么。比如，北京西城区有一篇小升初的作文题《小学的遗憾》，对这样的作文题，家长和老师应该怎样指导孩子写呢？孩子怎样写，才能扣题呢？有两个方面需要注意。

第一，这篇作文最好写故事。

就是要讲一个故事，这个故事是一件让作者觉得很遗憾的事。当然，遗憾的事十有八九是自己没有做好的一件事。比如，可以讲自己很想学钢琴，但没有学好，或者因为一些原因没有学，现在很想学，可是没有时间、没有条件，因此感到遗憾。再比如说，自己很想取得一个好成绩，但因为学习不够刻苦，甚至贪玩、逃课，到了小学高年级，成绩还上不来，几次考试都不理想，等等。

第二，除了写遗憾，还要表达今后努力和不再遗憾的愿望。

既然是遗憾，说明这篇作文讲故事时除了要表达自己的遗憾之情，还要表达一种以后要通过努力不再遗憾的心情和愿望。比如，有一个孩子写《小学的遗憾》，讲述自己小学时很贪玩，逃学去捉小鸟，把小鸟都弄死了。在作文里，他说，如果那时候懂得爱护小动物，懂得珍惜生命，就不会弄死小鸟。作文最后，他说以后不会再犯这样的错误。这样写就扣住了题目。

再比如《一次深刻的教训》这个作文题，就要扣住"教训"这两个字。所谓教训，就是做错了一件事、说错了一句话、考试失败了一次，等等。因此，作文要紧紧抓住"教训"这两个字来写，还要把它深刻地表现出来，即讲述这次失败犯的是比较严重的错误，下次一定不能再犯，要总结经验、吸取教训，争取下次通过努力取得成功。

扣题就是抓住作文题里的关键词来理解题意，从而准确生动地组织好作文的内容。

下面给你出一个题目，思考一下，这个题目怎么写？该怎么扣题？

题目：做自己命运的主人

要求：字数600字，写至少一个事例。

第 22 课　如何写旅游笔记

　　有一位妈妈给我发来微信，说："谭老师，上午好！孩子上次听了您的写作讲座，其中'勤观察，勤做笔记'这一点，让她很受启发。最近带孩子出去旅游，她随身都会带着笔记本做记录，记录的内容就是一些经过的地名等简单信息。请教谭老师，该怎么做笔记？"

　　看了这位妈妈的问题，我有两点意见。第一，孩子跟着妈妈出门旅游，随身带着笔记本记录一些地名等简单信息，是对的。旅游时应该认真观赏风景，用心感受风景之美，尽可能地理解自然山水和人文景观的美与内涵，这样就没有白来一趟。旅游的重点就是要好好观赏，不用心观赏风景，后面想写游记就没东西可写。有时候，我们观赏风景时，会遇到一些地名或者典故，怕记不住，就在笔记本上记录一下，回来后就可以根据回忆，把所见所闻所感写出来。这种做法是可取的。第二，很多家长和语文老师喜欢让孩子做笔记，出门旅游做笔记，参观博物馆做笔记，读书、听讲座、上课做笔记……家长和语文老师觉得做了笔记才算是认真做事了。其实，不一定做什么事情都要做笔记。比如，听老师讲课时，应该聚精会神地听讲，如果不集中注意力听，而是不停地抄抄写写，怎么能够完全听懂老师的讲课内容呢？尤其是数学课，思维要连贯，如果老师讲题目时学生不认真听，就难以理解。再如，读名著时，首先应该认真读，一字一字、一句一句、从头至尾地用心读，读完了，有所感悟、有所理解，再动笔写写自己的感受。如果读名著时一边读、一边摘抄好词好句，效果反而不好。再说，读书的目的不是学好词好句，而是要感受与理解，要用心领会，把美的东西吸收进去。所以，做笔记也得看时机、看情况。出门旅游时，有的地方风景独特，有的地方有些典故，有的地名有些生僻，这些可以先简单记下来，等回来后再整理思绪，把想写的写出来。

具体来说，怎么写旅游笔记呢？

第一，描述你这一行游览的地点，让读者看到你所观赏的独特风景到底是什么样的。

第二，在描述风景的同时，把与这片风景相关的典故与历史知识结合起来，讲一讲它的故事，让读者知道这个风景背后是有故事的，是值得品味的。

第三，在描述风景和叙述故事时，可以引用一些与这片风景相关的诗词名句，来表达你的理解，同时帮助读者理解你对这片风景的描述、认同你的看法。

第四，要写出自己的感受。你到了哪些特别的地方？有什么感受？对这片风景是否还有别的看法？甚至可以写：你是否喜欢这片风景？有哪些地方让你不满意？如何改变会更好？等等，这些都可以写出来。

以上几个方面都写出来，旅游笔记就有了内容，也值得一读了。

下面给你出一个题目，可以尝试写一篇作文。

题目：_____记

要求：根据你观赏过的风景，写一篇题为"……记"的笔记，字数 400～600 字，要求字迹工整，表达清晰，适当运用修辞，记录你真实的感受。

第23课 如何写好观后感

2019年8月中旬，人大出版社杜老师给我来信，说有一家单位要推一个"开学第一课观后感"的线上讲座，希望我能做讲座专家。我满口答应了，因为写观后感是很多中小学生需要指导的学习任务。

下面是我讲的观后感课程的基本内容，分享给大家。

一、什么是观后感，怎么写观后感

我们结合央视的《开学第一课》节目，讲一讲如何写观后感。

首先，大家要理解什么是观后感。观后感其实是议论文的一种，而议论文的教学目标就是要培养学生清晰地、有条理地表达观点、看法和见解的能力。

怎么写议论文呢？它的写作分两步：

第一步，表达观点，即把自己的看法、观点、想法明确地表达出来，让别人知道你对所看到的事物的态度，了解你的立场。

第二步，说理，即要想办法让人相信你的观点。你表达了观点，但不一定正确，或者别人不一定认可、相信你的观点，怎么办？这就要用道理来说服别人，去论证你的观点和立场的合理性或正确性。当然，要用事例来论证，有了比较恰当的事例来佐证你的观点是对的或合理的，别人就容易相信你。这就是说理。

那怎么写观后感呢？写之前，要先理解你所观看的对象。从观看的对象来分，观后感有很多种：电影观后感，电视观后感，新闻联播观后感，景物观后感，武术表演观后感，艺术演出观后感……这些不同的观看对象决定了你的观后感的写法会有差异。

具体来说，写观后感可以分为两步：

第一步，要抓住一个"观"字——你看到了什么，内容是什么，讲了什么故事，里面有什么人物，他们有什么特点，有哪些激发你的思想或震撼你的心灵的因素。这些都是要描述出来的。如果观的是某一个景物，则要把让你印象最深刻的一点或几点描绘出来。如果是观看电视节目，则要把最具视觉冲击力或最打动你的一幕描述出来。比如2019年央视《开学第一课》里呈现和讲述的《红岩》原型故事——郭德贤老奶奶面对主持人和现场观众回忆狱中绣五星红旗的故事——作为"第一课"里的红色故事，就很有特点。写观看它的感受，不但要把它简要地叙述出来，还要把其中几个"泪点"细节讲一讲，这样你所转述的故事内容就感人了，为你在后面发表感想提供了逻辑基础，这就是所谓的"有感而发"。比如说，"第一课"节目里"攀登者"的故事这一部分，要写观后感，那么夏伯渝老人参与1975年那次攀登珠峰并架设"中国梯"的故事就要讲出来，而且要抓住最感人的两个细节来讲，还要讲一讲王富洲、屈银华、刘连满和贡布这四位登山前辈1960年登顶珠峰的表现、行为和言语。写观后感，"观"写到位了，"感"的生发就很自然。"观"没写到位，发表的"感"也就很生硬、不自然，甚至矫情、虚伪，不符合事实逻辑和情感逻辑。

第二步，要抓住一个"感"字。"感"是"观"后的结果，是感受、感悟、感动、感召。因此，要把"观"后的这些情感、心绪和思想描述出来。把"感"清晰地表达出来了，说明"观"后有所理解、有所明白、有所收获、有所教益、有所思考、有所提升。

二、标准的观后感的四个段落

以上是观后感写作要注意的地方。一篇标准的观后感一般有四个部分，或者说可以写四个自然段：

第一个自然段：告诉读者你看到了什么。

第二个自然段：描述你看到的书籍、节目、景物是什么样子，内容是什么，准确明了地把它描述出来，让别人知道你看到的对象的特征或内容，尤其要重点描述你看到的对象最打动人的一个点或一个方面。

第三个自然段：表达你有什么感受、感想，或者遗憾、收获。这是所观看的对象带给你的东西，要把它告诉读者；读者分享了你的感受，也会觉得有收获。

第四个自然段：表达你进一步的期待与希望。这是你自我激发、自我提升所表达出来的东西。因此，到了第四个自然段，也就是结尾一段，就是思想升华——你要通过最后一两句话来提高认识，同时达到激发读者的效果。

三、观后感也是材料作文

由如何写观后感，可以联想到中考和高考试卷里常见到的各种类型的材料作文。其实，观后感也属于材料作文，观看的对象就是一个材料，观后的感受、感想就是发表议论、阐述观点。

大家都知道，央视的《开学第一课》是一个对中小学生进行主题教育的电视专题节目，它就是一个"大材料"，与语文试卷里的"小材料"是一样的。看到这个"大材料"，你有什么感想？这篇观后感，就是你写的材料作文。

多写观后感，写好观后感，会提高材料作文的能力。

四、一个观后感小练笔

最后，给大家出一个题目，练习一下观后感的写作。

请按照下面的格式，补充省略号里的内容，尽可能把字数写得多一些：

……我看了央视《开学第一课》，很喜欢这个节目……

这个节目有这些内容……让我很受启发。其中有一部分内容……尤其让我感动。看完了这些节目，我有这样几个感受：……

我希望《开学第一课》的内容更加丰富，更加具有指导意义和启发意义。我也期待……

第 24 课 如何学写诗

　　去学校里指导语文，和孩子们交流时，我发现，孩子们很爱读诗，也爱写诗。中小学生都是如此。只是，有时候因为受课堂、考试和家庭的影响，一些孩子平时在学校里表现得不爱读诗，在家里也读不到诗。但实际上，如果能够接触到好诗，孩子们还是很喜欢的。

　　读诗要有方法，要会读，这样才能把好诗里的美和趣读出来；写诗也一样，要有方法，要会写，这样才能写好、越写越好。

　　让孩子读诗和写诗，不是为了让孩子做诗歌评论家和诗人，而是为了让孩子更好地理解文字，感受文字之美，从文字里找到自己想要的世界。所以，要让孩子多读诗、读好诗，让他们会写诗、写好诗，这样孩子的语文能力会迅速提高，语言的敏感性很容易培养起来，文学创作的能力也会跟着提高。

　　如何学写诗呢？要从以下几个方面入手。

第一，要多读一些名家名诗。

读名诗可以培养对诗歌的基本认识，能够唤起诗意、激发灵感。小时候，我很爱读唐诗，还读了很多欧美现代诗，所以对诗不陌生，养成了爱读诗的习惯；到了初中开始写诗，大学开始发表诗作。不会写诗的人一般是读诗少，读好诗更少，所以对诗没有感觉，更谈不上有诗意和灵感了。

语文课本里有一些古诗词，还有一些儿歌和新诗。语文老师一般会要求学生背诵一些古诗词，考试也只考古诗词，却几乎不要求学生背诵新诗，也不考新诗。所以，很多学生以为新诗不重要，也就不太注意读新诗，更不在意自己是否会写诗。

写诗其实也是一种写作能力的体现。课本里有新诗，却不让孩子背新诗，也不让孩子写新诗，自然是语文课的缺失。从提高语文能力这个角度看，每个孩子都应该学会读诗和写诗，而且要多读一些名家名诗，以经典的诗篇来启发想象力，培养写诗的能力。

第二，要适当地学习一些写诗的技巧。

多听听讲座，读读别的诗人谈创作的文章。如果没有条件读到这类文章，可以对着一首诗自己琢磨一下，看看那些名篇为什么这么迷人、这么美妙，找找语言的感觉，形成对诗的初步认识。好的诗，无论是古诗还是现代诗，一定有一个或几个能够让诗变得很美妙的修辞。要想办法读懂并理解诗里的修辞，增强自己的语言感悟力。

第三，学会理解意象。

写诗一定要懂得意象是什么，找几首名诗，找找里面的意象，看看诗人是怎么用意象，怎么让意象变得很美、很有意思的。模仿一下名家使用意象的方法，学一些比喻、拟人、夸张和通感等修辞手法。

第四，从短诗开始写起。

先写短诗，只要写得像诗，就是好的开端。写小诗、短诗顺手了，觉得不难了，再渐渐地写长一点的诗。

第五，要知道写诗是一种表达的需要。

有时候我们选择诗，是因为它最适合表达自己的感情。对于爱写作的孩子来说，我要提醒的是：想要表达观点时，最好把它写成议论文或随笔；想要讲故事时，则要选择写记叙文和小说；想要抒情时，最好写诗歌。诗是一种表达方法，并不是人们故意装模作样、疯疯癫癫。

从理论上说，会写诗的人，其他所有文体都会写，而且能写好。

第25课　从生活中寻找诗意

初中生已经进入青春期，青春期可以说是一段既活力四射又情感丰富、身心飘逸的时期，因此初中生特别爱写诗或者读诗。事实上，每一个初中生本身就是诗：一首青春的诗，一首时而多风多雨、时而阳光灿烂的诗。

我在深圳、廊坊、长沙、重庆等城市的中学做过关于阅读与写作的讲座，遇到的很多初中生朋友都爱写诗，也爱问一些关于诗歌写作的问题。这几年，有一些初中生、高中生通过电子邮件发来自己的诗，向我求教。更早时候，十几年前，在中国小作家协会的活动中，就有几位小作家把自己剪贴的诗歌本和自己写的诗稿拿给我看，要我给予评价，或和我一起欣赏他们喜爱的诗作。其中一位福建的初中女孩还送了我一本她签名的个人诗集，我读后发现诗写得非常好。我问她："你为什么喜爱写诗？是不是特别喜爱读诗，才开始写诗？"她说，她热爱大自然，一旦遇上节假日，就特别爱到公园去，或者到郊区游玩、采风，所以肚子里好像有很多话要说，有很多很美的事物想要描绘。她还对我说，有时候，她觉得自己的一些想法不是故事，而是一些心灵的触动，于是就写成了诗。我觉得这位女孩也说出了一些我写诗时的感受。写诗，通常是看到了美好，品味到了忧伤，想描绘，想倾诉，想把情感给倾泻出来。

记得自己初中时也爱读诗，并开始学写诗。那时候没有专业老师指导我们，语文老师忙着应试教育那一套，我们的作文课就是按部就班的，一般老师都是命题作文，或者拿一些往届初中生的考试作文题让我们写；更何况我就读的是农村中学，学校也没组织过诗社、文学社之类的活动。

刚开始写诗时，仅仅因为读了一本书，或者遇到了生命中的一个人、一件事、一个景物，便让我很感动，或者觉得很美好，于是就用诗的形式在日记本上倾诉。但我真正进入写诗的状态，或者说，我能写出像模像样的诗，是与我善于发现诗意有关的。比如，我曾经在《小溪流》杂志发表过一首名为《花蕾》的诗，就是源于我在春天的校园里散步，看见校园花圃里月季花长满了欲开的花蕾，它们一个个晃着圆圆的小脑袋，很可爱，我突然觉得它们像一个个爱笑的人，于是就写下了这样的诗句：

> 你有一肚子的笑话，
> 只要你一开口，
> 整个春天就会发笑。

后来，我把这首题为《花蕾》的小诗投给了《小溪流》杂志，真的发表了，还得到了 20 元的稿费。这首小诗的发表给了我很大的鼓舞。之所以能写出这样的诗，就是因为我带着一种不同于寻常的眼光来观察花蕾，用一种充满感情的欣赏的心态去看待自然之物，于是，这些平常的植物也就有了生命气息，有了美好的感情色彩和别样的趣味。我在《少年文艺》杂志发表过一首《谛听鸟声》，也是从大自然里得到的诗意。有一天早晨，我在校园的林子里早读，听到了很多小鸟在唱歌，于是就放下书本，静静地倾听小鸟的歌声，然后回到教室，写下了下面的诗句：

清晨倚窗谛听鸟声

来自阳光的鸟声

来自雾霭的鸟声

来自季节的鸟声

来自森林的鸟声

叮咚叮咚叩醒沉睡的灵魂

谛听鸟声，是抓住

穿透时间锐利的光束

谛听鸟声，是欣赏

追忆儿时清纯的歌谣

谛听鸟声，是凝望

生命天空中明亮的星子

谛听鸟声，是触摸

青春丛绿里鲜艳的花蕾

这样的诗句并不是天成的，是我在倾听小鸟歌声之后，通过思考、提炼和回想而产生的。这实际就是用心感应外物、用心触摸世界而得到的灵感。

有人说写诗就是要带着"有色眼镜"看人看物。这里的"有色"，是要带着情感，带着一种审美的心态去观察事物、理解生活。这样一来，即使在平凡的环境里过着日常的生活，也能处处寻找诗意，找到很美好的东西，发现轻灵的诗句。

第 26 课　修改：让一首诗变得更美

　　写作要重视修改。无论是写作文，还是写文学作品，都要养成修改的习惯。没有修改，写作很难进步。而且很多作家和诗人都有相同的感受：写出初稿后，放一放，然后再修改、润色，之后再交给报刊编辑或出版社的编辑，效果会更好。

　　为了促进儿歌和儿童诗的写作交流，我特意建了一个儿歌、童诗群。这个儿歌、童诗群里很活跃，王宜振、邱易东、蒲华清、彭万洲和赖松廷等老前辈和年轻的儿童诗作者经常交流，一起分享一些创作和出版信息，还互相交流诗艺，一起提高。比如高恩道老师，年逾八旬，却特别谦虚，经常主动向年轻作者请教；好几次，他写了作品还发给我，让我提意见和建议，帮助他修改，令我特别敬佩。金本老师、赖松廷老师和王军老师等人也经常转发一些作品，供大家参考阅读。

　　年轻的诗人里，高旸老师（笔名高谊沣）非常勤奋，在各种儿童报刊上发表了不少好诗。她经常在群里或朋友圈分享她写的作品，一点也不担心会有人抄袭和模仿。

　　初冬的一天上午，高旸老师发来她写的一首诗，还发来她拍的两张图。一张图片上，一片片的红叶落在地上；另一张图片上是红色的枫叶，非常炫目。

　　她对我说："谭老师，刚写了一首诗。这是配图。"说完，高老师就通过微信发了过来：

初冬遐思

高谊沣

这么多小脚丫

向我奔来呀

它们踩着风的轮滑

抢着送给我

阳光滴落的碎暖

摇一摇树上的叶片

和鸟鸣一起叮叮当当

真动人呀

这一个个斑斓的童话

多听听呀

趁着鸟儿还在聊天

多看看吧

趁着大雪还没封山

多欣赏吧

趁着心脏还在跃动

收到高旸老师发来的这首诗，我立刻通读了，第一感觉就是里面有些词语可以删除。我对她说："删除'呀''吧'这几个词吧。"这样的语气词放在诗句后面不太好，给人感觉诗人好像在刻意模仿孩子说话。而且要押韵，也不能靠"呀""吧"和"啦"这样的词押韵。有的诗人写儿童诗时，还会用"咦"这样的词来表示惊讶，也不太好，容易给读者留下刻意模仿孩子说话的印象。

高旸老师很快就接受了我的意见。我又读了读高老师的这首诗，快速做了一点修改，然后发给她。诗如下：

初冬遐思

高谊沣

这么多小脚丫

向我奔来

踩着风的滑轮

抢着送给我

阳光滴落的碎金

摇一摇树上的叶片

和鸟鸣一起叮叮当当

朗诵一个个

五彩斑斓的童话

听听

鸟儿还在聊天

看看

大雪还没封山

触摸一下泥土

冬天的心脏在跃动

　　高老师看了我改过的诗，立刻对我竖起了大拇指，还说："您改得真好！"

　　我又读了一下诗，发现标题里的"遐思"是可以去掉的，因为从这首诗来看，诗人并没离开冬天的情境，而是进入了冬天的情境，用"遐思"不妥。于是，我对她说："这不是遐思，因为诗人走进了冬的怀抱。"高旸老师说："那题目就改为《走进冬的怀抱》。"高老师的思路很好，一下就想出一个合适的题目。她又对我说："最后要不要加上两句：一切美好，都拥着我的肩？"我想了想，说："结尾加这一句多余了，因为你说的这个意思，读者可以感受到。"

　　于是，这首诗就定稿成如上的版本，标题进一步改为《走过冬天的怀抱》。

第 27 课　看到材料一头雾水怎么办

　　前些日子应邀去河北衡水，给衡水中学的几十位优秀学生讲作文。我给他们讲的内容有三块：一是介绍"北大培文杯"全国青少年创意写作大赛，希望他们能够参加这个创意写作大赛，锻炼自己，提升自己，展示自己。二是给他们讲一讲创意写作，希望他们能够培养创意思维，用创意写作来提高作文能力，同时提高语文能力。三是讲一讲我对高考作文的理解。这些学生听了，觉得很好，讲完后都上来请我签名留念。

　　不过，有一位学生问了我一个问题。他说："老师，有时候我看到材料，觉得一头雾水，怎么办？"我觉得奇怪，就说："材料作文都是一目了然的，怎么会让你看了一头雾水呢？"这位学生腼腆地笑了笑，说："也许刷题多了，还是有些紧张吧。"我也笑了，安慰他："不要紧张，其实材料作文是最容易写的。只要读懂了材料，了解了出题人的用意，就可以下笔了。"下面，我就来讲一下如何写好材料作文。

　　中高考作文大部分是命题作文或材料作文。命题作文，就是出题人给出一个题目，考生根据题目的要求或对题目的理解，来决定写记叙文还是议论文。材料作文是中高考最常见的作文题，一般包括三种类型：一是看图作文，出题者给出一个或一组图画，让考生读图，理解图意，再根据图意来写一篇作文。二是出题者列出几句名家名言，或者列出一些古诗词或古文片段，让考生思考，然后自拟题目，写一篇议论文。三是出题者选一则时事或新闻，让考生阅读，从中提炼出一个主题，写一篇议论文。这三类材料作文其实都不难，只要认真读图、读材料，把图和文字材料的意思读出来，再思考一下它传达的主题思想或者给你的启示，就可以以此为中心思想，提出观点，展开议论，写出议论文。

比如第一类，看图写议论文，通常可以分成三部分来写：第一部分，把你对图的理解写出来，接着提出你的观点和看法。第二部分，针对你提出的观点和看法展开论述，要举例论述，或者用名人故事，或者用自身经历，或者用身边人的事例，来论证你的观点和看法，尽量说服读者相信你的观点，赞同你的看法。第三部分，进一步强调你的观点和看法，与开头提出的观点进行呼应。当然，看图作文有时几幅图说的是一个故事，答题的时候就要把图里的故事叙述出来，然后根据故事提炼主题，选定一个作文题目，再展开议论。

再举个第二类材料作文的例子，是 2018 年北京西城区高考一模的作文题。题目如下：

　　作为改革开放中成长起来的一代人，读了下面六句话，你对这场关系到国运、人生的变革有怎样的感触与思考？

　　①穷则变，变则通，通则久。（《周易》）

　　②不患寡而患不均，不患贫而患不安。（《论语》）

　　③仓廪实而知礼节，衣食足而知荣辱。（《管子》）

　　④中国太难改变了，即使搬动一张桌子，改装一个火炉，几乎

也要血。（鲁迅）

⑤解放思想，开动脑筋，实事求是。（邓小平）

⑥广大人民群众坚持爱国奉献，无怨无悔，让我感到千千万万普通人最伟大，同时让我感到幸福都是奋斗出来的。（习近平）

请以"写在改革开放四十年"为副标题，主标题自拟；并以上述两到三句为基础确定立意，并合理引用，使之形成有机关联，写一篇议论文。要求：自选角度，观点明确，论据充分，论证合理。

看到以上材料作文题，很容易让人明白出题人的意图，那就是要肯定改革开放，要赞扬改革开放，而且要围绕改革开放这个主题来设置议论文的标题。根据一般的惯例，最好把领导人的话写进作文，因此，这个题目可以写为《改革与爱国——写在改革开放四十年》。

那么，如何写"改革与爱国"呢？首先，要提出观点，可以先把领导人的两句话写出来，然后告诉读者，这些话告诉我们：国家要进步，民族要强大，社会要文明，人民要过上美好生活，一定要改革，改革就是爱国。接着，用正反两方面的事实和例子来证明，必须改革，改革才能促使国家富强、人民幸福，过上美好生活。在举例论证时，可以结合改革开放的实践，用改革开放的成果来增加论证的力度，效果会非常好。而且在论证的过程中，我们可以把前面四句名言很自然地放进去，这就使文字更有力度、更有深度。

对于第三类材料作文，在写的时候，首先要把材料的基本事实和观点陈述出来，其次要提出自己的观点，再次要结合实际用事实论证，最后在结尾再一次强调你的观点，表达更加明确的态度，呼应开头。

以上是对材料作文的一些看法。一直以来，语文老师总喜欢谈审题，无论什么作文，都把审题、立意、构思看成作文的金科玉律。有的孩子看到材料一头雾水，可能就是审题不清，或者说没好好审题，因此觉得不知所措，不知从何下手。作文要写好，最关键的是要理解出题人的意图。如果能拿出很多中高考作文题目，来分析出题意图，分析出题人最希望考生说什么、表达什么、赞同什么、肯定什么、批评什么，对于这样的材料作文会有很大帮助。

总之，材料作文并不难。要想避免"一头雾水"，就要认真读材料，把材料看懂，领会出题人的意图。中考、高考都是有时间限制的，出题不会太难，不可能出一个让不少考生无从下笔的题目，因此，一定要克服畏惧心理，相信考试作文并不难。事实上，中高考的材料作文都比较好理解，只要愿意好好写，心态好一些，都可以写出良好甚至优秀的作文来。

第 28 课　材料作文怎么写

　　现在，中考和高考作文一般都是材料作文。所谓材料作文，就是给一则材料，让考生在理解材料的基础上提出自己的观点和看法，然后进行论证，达到说服读者的目的。材料作文题大致有四种：一是给一个故事或事实，然后让考生发表观点和看法。二是展示一个容易让人产生矛盾或困惑的问题，让考生去分辨、去思考，然后给出明确的观点，并加以论证。三是罗列一些名家名言，或者从某些文献里摘一些段落，让考生解读并发表看法。四是看图作文，有人把看图作文当作一种作文类型，其实，它也属于材料作文，不过这则材料是一幅图（可能是漫画）罢了。

　　那么，材料作文该怎么写呢？我们来看看 2019 年江苏省的高考作文题：

　　　　根据以下材料，选取角度，自拟题目，写一篇不少于 800 字的文章；除诗歌外，文体自选。

　　　　物各有性，水至淡，盐得味。水加水还是水，盐加盐还是盐。

酸甜苦辣咸，五味调和，共存相生，百味纷呈。物如此，事犹是，人亦然。

这个作文题，就是一个典型的材料作文题。

看看材料，如果只停留在"人生百味"和"物各有性"上，就容易写成一篇心灵鸡汤式的短文。在网上，我看到有专家写"下水作文"，题目就是"物各有性"和"人生百味"。这样写当然切题了，但如果只写成"物各有性"和"人生百味"，等于没有思考，因为这个观点在材料里是显而易见的。材料作文考的是考生对材料更深更高的认识，或者不一样的认识。我觉得，考生应该在理解材料的基础上，有更深入的观点和看法，才能显示材料作文的价值。所以，我觉得这个题目可以落到"交流与合作""共同发展"和"文明互鉴"的主题上来，甚至可以联系"一带一路"、共建人类命运共同体，这样，由小见大，由趣到理，一步步推进，把考生对时代、对世界的理解以及入世情怀表达出来。

所以，对材料作文的理解不能仅仅停留在材料里的观点上。材料作文里的观点是显而易见的，是供我们思考并引发我们有不同见解甚至是反对意见的。如果只停留在原来的观点上，自己加上点论述和论证，意味着考生缺乏独立思考，会很平庸，而且别人也会很容易就这么写。材料作文考的是问题意识，考的是独立思考的能力，不是考查对已有的观点的同意与否。

再看看2019年浙江省的高考作文题，也是一个材料作文。题目是这样的：

阅读下面的文字，根据要求作文。

有一种观点认为：作家写作时心里要装着读者，多倾听读者的呼声。

另一种看法是：作家写作时应该坚持自己的想法，不为读者所左右。

假如你是创造生活的"作家"，你的生活就成了一部"作品"，那么你将如何对待你的"读者"？

根据材料写一篇文章，谈谈你的看法。

注意：

①立意自定，角度自选，题目自拟。②明确文体，不得写成诗歌。③不得少于 800 字。④不得抄袭、套作。

认真读了这个材料作文题两遍，我有下面一些看法。

我的第一判断就是，这其实不是一个材料作文题。什么是材料作文题？前面已经提到，材料作文题一般会给出一则材料，这则材料不直接给出观点，只是给一个事实或现象，或者展示别人的一个观点或看法，但考试的目的不是考给出的材料中的观点和看法，而是要考查考生通过对材料的理解，产生了什么看法或者什么不一样的感想。说白了，材料作文考的是一种"由此及彼"的能力，即从材料的理解出发，到个性化的思考。浙江省的高考作文题里，先列出了两种不同的观点，但后面并不是让考生谈对这两种观点和看法的理解，或者考他们赞同哪一个观点：

假如你是创造生活的"作家"，你的生活就成了一部"作品"，那么你将如何对待你的"读者"？

这句话，出题人大概的意思是这样的：假如你是一位作家，写出了反映你的生活的作品，你将如何对待你的读者？出题人显然是想要考生表态：你是支持第一个观点，还是支持第二个观点？但大家仔细一读，会发现这考题的文字很别扭，语言不通畅，既没有必要告诉考生作家是创造生活的人，也没有必要说作家创作是把自己的生活变成了"作品"。这是画蛇添足，多此一举，好像考生对文学创作一点认识都没有似的。而且这样表达很刻意牵强，因为文学创作不一定是把自己的生活变成作品，好像作家创作也只是所谓的"创造生活"。对"作家"和"作品"没有必要给出一个限定。这里一限定，既让句子变得太长，同时使"假如"和"那么"之间的逻辑关系不顺。而且作为一个复句，前面的从句是"假如"，后面的从句是"就"，这个题目不但犯了多费口舌、自作聪明的错误，也犯了语法不规范的错误。

说白了，这个作文题就是要考生谈：你创作时，更愿意站在读者的立场上，还是更愿意站在自己的立场上？所以，这个材料作文把两个观点列出来，明显就是让考生选择其中一个来表态，阐述自己的观点和看法，没有启发考生去做更多的思考，只是让考生做一个选择题，并对答案做出自己的解释而已。所以，这不是一个材料作文题。

最后想说的是，2019年各地高考作文题中，浙江省的高考作文出题很一般，甚至可以说没有新意，很难让考生考出能力。说得严重一点，这份试卷的出题人水平不高，不懂什么是材料作文，只是把废话列出来，让考生做个无趣的选择并说点废话而已。

我修改了一下浙江省的高考作文题，让它减少废话，并且规范一点。如下：

阅读下面的问题，按要求作文：

有一种观点认为：作家写作时心里要装着读者，多倾听读者的呼声。

另一种看法是：作家写作时应该坚持自己的想法，不为读者所左右。

如果你是一个作家，你将如何对待你的读者？

注意：

①立意自定，角度自选，题目自拟。②明确文体，不得写成诗歌。③不得少于 800 字。④不得抄袭、套作。

此外要提醒一下的是，面对材料作文，先不要急于表达观点。先认真读材料，读懂材料里所隐含的信息，然后思考一下，它到底在说什么、在批判什么、在赞同什么，或者在暗示什么。然后，联系实际，联系生活和社会，选取最符合思想逻辑的观点，来表达你的看法，再加以清晰论述。

第29课　作文经常跑题怎么办

作文要审题。所谓审题，就是看到题目，要知道自己应该写什么，或者围绕一个中心思想，知道自己要写什么、说什么、表达什么。所谓"中心思想"，就是作文里的核心观点、基本态度，如果这个核心观点和基本态度不对头，就等于没有理解作文题，写起来就会偏题、跑题。

经常有人写作文时跑题。比如，语文老师布置写《爱》，很多同学不是围绕"爱"来写，而是写爸爸妈妈优秀、写同学学习好、写老师认真负责任。这样就跑题了。事实上，《爱》这个题目如果要写老师，通常要写一位老师爱学生、认真负责地教书育人，还要举出实例证明这位老师的确爱学生，然后告诉读者，老师爱学生，也赢得了学生的爱。

根据我的经验，作文跑题通常因为考试时间紧，加上心理紧张，导致思考不充分而把题目想歪，结果写出来的作文内容与主题不太契合，最后写跑题了。

中考和高考考试压力大，时间特别紧张，有些学生很容易在写作文时跑题。举个例子，江苏省曾经出过一道高考模拟作文题：

说与做

对待学习和工作，有人光说不做，有人只做不说，有人既说又做，还有人……请以"说与做"为题，写一篇不少于 800 字的文章，除诗歌外，文体自定。

看到这篇作文题，我们分析一下，一般来说，出题人希望考生从以下三个方面来写：

第一，要对"说"与"做"哪个重要做出选择。比如，考生是认同"要多做实事，不能光说不做"，还是认同"既要说，还要做"，或者认同"多说少做或不做"？考生要有自己明确的态度。但从价值观这个角度考虑，考生可以确立"少说多做，把思想付诸实践"的观点和立场。如果考生确定的主题是"既要说，还要做""多说少做"或者"只要埋头做就行"，就会偏题甚至跑题了。可能有人会说，"既要说，还要做"也是切题的，但一般情况下，出题者的意图不在于此，其倡导的就是"少说多做，多做实事，要有实干精神"。

第二，确定了主题，确立了态度，就要举切合主题的例子。既要举那些实干家的例子，也要联系今天的现实，举为了建设新时代、过上美好的生活，少说多做，做实干家、做求真务实的人的例子。

第三，举例说明少说多做、实干就有收获。有利于自己、有利于集体、有利于国家和社会之后，还要进一步肯定实干、巧干，这样主题就深化了，态度也更明确了。

中高考的作文题大都是材料作文，试卷上给出一个材料，然后让考生根据材料确立一个主题，写一篇观点作文。对于这样的材料作文，考生读懂材料、理解材料很关键。如果不熟读材料、不细品材料、不善于从材料里提取观点，下笔作文时就容易跑题。所以，材料作文实际上考查的是考生对材料的理解力；能够理解材料、读懂出题人的用意，就成功了一半。如果没有读懂材料，只是从材料里拿出一个句子来说事，那你举的事例再生动、故事讲得再好、观点再鲜明，也很难得高分，因为寻章摘句往往难切主题。

对那些写作文容易跑题的孩子来说，平常训练时可以从命题作文开始。命题作文的题目是给定的，通常本身就是一个鲜明的观点。比如《信任》这个题目，一看就知道要肯定信任，强调人与人之间要彼此信任，让人信任的人才能赢得他人的尊重。在此基础上，我们再举出正面和反面的事例，来证明人要讲信用，只有让人信任才会有朋友，才能有好的收获，才能获得成功。最后再一次重申，人与人之间要彼此信任，大家都讲信用，社会就和谐、就进步、就文明，等等。《信任》这类命题作文写多了，你就能学会抓住中心思想，学会说理和论证，学会表达观点。

第 30 课　这些小升初作文热题怎么写

很多地方都取消了小升初考试，但也有少部分地方还保留着。有些机构开设了小升初作文培训，很受家长的追捧。

我看到一些相关的文章，也看到一些很热的题目，这些题目不少地方都采用过，比如《请让我来帮助你》《谢谢你》《……给我带来了快乐》《我多么向往》《小店》《假如停水三天》《让我为自己鼓一次掌》《我得到了》等，据说是采用最多的，在很多教辅资料上的出现频率也很高。

姑且不说这些作文题目好不好，这里谈谈怎么写这些作文。

《请让我来帮助你》这个题目，如果是作文底子好、平常写作能力强的孩子，可以写成抒情文。写的时候要结合一些事例，来表达"我"愿意帮助他人的情感，不过写作文时作者会有一个假设的抒情对象——需要帮助的人。在日常生活中，可能遇到有些人处于困境，但不一定能够接受别人的帮助；也有一些人需要帮助，但拒绝别人的帮助。因此，在表达自己的情感和愿望时，语气要恳切，要用倾诉的语言，引导对方理解自己。对于写作能力一般的孩子来说，可以把这个题目写成记叙文：

班上有一个同学遇到了困难（家庭经济困难、学习的困难等），他一筹莫展，不知所措，这时"我"主动伸出援手，帮助这位同学。最后，在"我"的帮助之下，这位同学克服了困难，渡过了难关。在记叙文的最后表达一下感想：谁都可能遇到困难，请让我来帮助你。

《谢谢你》这个题目，一看就知道是感恩主题。出题人希望你在写作文时以感恩为主题，讲述感恩的故事，表达感恩之心。写记叙文，可以讲述爸爸、妈妈、老师、朋友对自己做过的好事，展示他们给予的关心和帮助，最后表达感谢、感激、感恩。比如，可以写成《谢谢您，敬爱的老师》，讲述老师给予的指导，表达对老师的谢意。也可以写成《谢谢您，爸爸》或《谢谢你，亲爱的某某同学》等。

《……给我带来了快乐》这个题目，一看就是写兴趣爱好的。这样的作文很生活化，鼓励学生从生活中寻找素材。对于这样的题目，不要急于下笔，应该先想一想，自己最喜欢做什么、最感兴趣的事是什么、它给你带来了什么快乐、它让你有什么收获……把这些想明白了，就可以下笔了。你可以写《读书给我带来了快乐》，也可以写《爬山给我带来了快乐》《绘画给我带来了快乐》《弹琴给我带来了快乐》《跳舞给我带来了快乐》，等等。在写这些题目时，要结合实例和生活经历来写。比如写《读书给我带来了快乐》，先要告诉读者你爱读书，有读课外书的习惯。接着写你读了哪些书，其中哪一本或哪几本让你觉得有意思，让你受益匪浅。再接着写你读了一些书以后有什么改变，尤其是对你的学习和作文有什么好处，等等。把这些写好了，最后再表达一下你的观点和看法：读书好，读书快乐，以后要继续多读书。

《我多么向往》这个题目，一看就是以梦想为主题，让你讲述、描绘自己的梦想，表达自己的愿望。比如写成《我多么向往蓝天》，就可以结合现在很多地方都有雾霾的现实来写，表达对绿色生态环境和蓝天的向往，唤起大家对清洁能源开发和环保事业的热爱与支持。或者写成《我多么向往北京》或是《我多么向往乡村》，这样的题目入手容易，写起来不难，每一个人都能找到可以写的点和面、可以写的观点和看法。

《小店》这个作文题，考的是观察能力和描述事物的能力。如果你平常注意观察周围的生活，包括商店、市场、社区和学校，就会很容易抓住要写的点。可以写你熟悉的小商店、小饭店、小水果店、小书店，在写的时候，一定注意写出这个小店的特点，把它与你的生活联系起来。比如写《小书店》，可以写你家门口有一家小书店，描述它的特点，讲述你和这家小书店的关系，讲述你进书店选书、买书的经验和体会，表达你对这家小书店的感情。一般来说，写《小书店》是很容易得高分的，因为老师都希望学生爱逛书店、爱读书。

《假如停水三天》这个作文题目，好像是写想象力的，但其实考的是你对日常生活的熟悉与了解。大家可以想一想，在城市里生活，要是停三天水，会出现什么后果？如果你面临这样的境况，你会怎么做？你认为应该怎么克服停水三天的困境？在这里，一定的生活能力能帮你写好作文。如果写《假如我家停水三天》，生活在城市里的孩子不妨这样写：假如我家停水三天，我要想办法解决全家人的喝水问题，一要想办法修好水管；二要想办法去买水，不让爸爸妈妈因为缺水而着急；三要通过停水的经历，吸取经验教训，以后适当地储存一些水，以防万一。在写这篇作文时，一定要让老师看出你解决生活难题的能力与方法，展示你的才能和智慧。

《让我为自己鼓一次掌》这个题目，显然是要写励志作文，作文的主题就是要激励自己。为自己鼓掌，为什么呢？这就需要写自己的优点，写自己好的行为，写自己的努力，为自己点赞。这样的作文要以生动的事例来支撑，不能空口说白话，也不能仅仅是自我赞美和肯定，要用事例来告诉读者：自己是值得鼓掌的。

　　《我得到了》这个题目，写的是自己的收获，可以写成《我得到了友谊》《我得到了爱》《我得到了教训》，等等。这样的题目很好写，容易与生活中具体的收获和感悟结合起来。如果不把具体的生活与经验结合起来，写起来就难免显得空洞。

第 31 课　用讲故事的方式倾诉

　　我有一位同事，他的儿子读初二，他很关心儿子的语文学习，把 2003—2017 年共 15 年的上海市中考作文题目都发给我，让我看看。我把这些作文题目列在下面，说一说我对这些考题的分析。

　　2003 年：我想唱首歌

　　2004 年：1. 我们是初升的太阳；2. 我的视线

　　2005 年：充满活力的岁月

　　2006 年：我们的名字叫——

　　2007 年：记住这一天

　　2008 年：我眼中的色彩

　　2009 年：在学海中游泳

　　2010 年：黑板上的记忆

　　2011 年：悄悄地提醒

　　2012 年：心里美滋滋的

2013 年：今天，我想说说心里话

2014 年：这里也有乐趣

2015 年：不止一次，我努力尝试

2016 年：没想到，真没想到

2017 年：就这样，埋下一颗种子

2003—2017 年上海的中考作文题，只有 2004 年给了两个题目，其他的年份都只有一个题目。它们共同的要求就是至少写出 600 字，也就是说，正常的 300 字一页的稿纸，写两页就达到字数要求了。我想说的是，谁都能写出 600 字，只要想写，中考作文不是什么严重的问题。

不少孩子之所以觉得作文不好写，大概有三个原因：

第一，不爱写命题作文。大家平常写老师布置的命题作文写烦了，心理上有些抵触。第二，语文老师一开始布置作文，就要求大家要布局谋篇，要有很"高大上"的立意，这样的模式化作文，写着写着就让人觉得很受束缚，心理上也会产生抵触。第三，从小学开始，语文老师甚至家长都把作文看得太难、太复杂，结果孩子总害怕写不好、老师不满意。

其实，作文并不难，一开始只要能够讲故事、谈看法、写出真情实感，就很不错了。过多的要求只会让孩子失去对描述生活、语言表达和情感倾诉的兴趣。

我分析了一下这些题目，发现它们其实很好写。仔细读读这些题目就会发现，出题目的人是站在青春少年的立场上，想通过作文来倾听少年的心声。

比如《我想唱首歌》就是一种倾诉，很显然，出题人想倾听孩子内心的声音，倾听他们心灵的音乐，而不只是想听孩子唱某一首具体的歌。

因此，这个作文题里的"歌"，既可以是某一首歌，也可以是你内心的想法、愿望和理想，即你的理想之歌、爱之歌，等等。

假如我参加中考，我会这样写《我想唱 ×× 歌》：第一段告诉大家，我想唱一首 ×× 歌；第二段写为什么我想唱这首歌，有哪几个理由，其中有一件什么事促使我想唱这一首歌；第三段要告诉大家，我想唱这首歌，唱出自己的情感，唱出自己的心声，唱出自己的志向，唱出自己的理想。

如果让你来写这篇作文，建议你写一首具体的歌曲，比如《我想唱〈同桌的你〉》，然后说出你为什么喜欢这首歌，是不是因为你遇到了一个好同桌——他给你友情、给你帮助，让你难忘，让你感受到友谊的珍贵与美好。你可以在作文里讲一讲同桌的故事，表达你的感受。最后强调：你爱《同桌的你》这首歌，一唱起这首歌，你就想到了你的同桌，它提醒你珍惜友谊，也告诉你青春的美好、生活的美好。

当然，《我想唱首歌》这个题目里的歌也可以是一首抽象的歌，比如《我想唱一首青春的歌》。假如是这个题目，你会怎么写？想一想，相信不用我多说，你就知道怎么写了。

《我们是初升的太阳》这个作文题，也是一种倾诉，要倾诉少年青春的梦想，要表达少年青春的理想。具体怎么写？假如我要参加中考，我会这样写：

第一段，我会说我们是初升的太阳，我们是少年，是青春的生命，是祖国的未来、民族的希望、社会的栋梁。第二段，我会表达这样的看法：既然我们是初升的太阳，处在那么好的生命阶段，就应该努力学习、刻苦拼搏，以优秀的成绩回报家人、学校和老师，还要以全面的素质报效社会和国家。没有本领、没有知识，是无法担负起时代的使命的，是无法回报家庭和祖国的培养的。因此，初升的太阳是有责任、有担当、有使命感的一代。在这一段，我会讲一个自己亲身经历的故事，自然地表达出我的观点和看法。第三段也是最后一段，我要再一次强调：我们是初升的太阳，是新时代的少年，立在时代的潮头，听从祖国的召唤。记住，作文的结尾一定要抒情言志，把思想境界升华一下，作文的立意就高了。

《就这样，埋下一颗种子》这个作文题，还是一种倾诉，要倾诉作者的心愿。如果让你来写这个题目，可以倾诉你埋下一颗智慧的种子的心愿，也可以倾诉你埋下一颗爱的种子的心愿，还可以倾诉你埋下一颗理想的种子的心愿，等等。举例来说，你定了《埋下一颗爱的种子》这个题目。以"爱"为例，可以从三个方面写。第一段，表达你的愿望：埋下一颗爱的种子，希望人人有爱，生活充满爱，世界充满爱。第二段，告诉读者：埋下一颗爱的种子，意味着要付出爱，要有爱的行动，只有付出爱，才能收获爱。人人都付出爱，生活才会美好，世界才会美好。在这一段，你可以讲一个故事，来证明或说明人人都需要付出爱。第三段，可以从反面来表达你的观点：举一个例子说明生活中有人缺少爱，甚至喜欢做坏事，不但危害他人，还危害社会和国家，这样做是不应该的。最后一段，可以强调：无论如何，我们都要有爱，都应该埋下爱的种子。如果每一个人都埋下爱的种子，人人都有爱，生活会更美好。我们身处美好的时代，人人向往美好的生活，也想过美好的生活，大家都要奉献爱。

以上针对三个作文题谈了一些想法和建议，你可以再看看其他中考作文题，体会一下，想一想它们是不是都是倾诉性的作文题？要记住，你在倾诉少年的情感和愿望时，别忘了讲故事，用事例来表达你的观点和看法。另外，每次作文的最后，不要忘记把你的观点和看法提升一下，否则你的倾诉和想法就会显得有些小气，像是从自己的利益出发而感。

要从大家的利益和立场出发，表达你的想法和愿望，这就是语文老师反复强调的"主题升华"。

"主题升华"没什么不好，把它自然表达出来就好。比如我说：我要好好读书。这当然是对自己有好处的。不读书，怎么进步、怎么成才呢？不好好读书，怎么考上好的大学呢？如果升华一下主题，可以说：好好读书，不但是为自己，也是为了社会进步、民族繁荣、国家昌盛。如果年轻人都不爱读书，一个社会、一个民族岂不是要退步，岂不是没有希望？因此，"主题升华"不是矫情，而是必要的。只要把它自然地表达出来，观点是合情合理的，就没有什么不妥。

最后，我想说的是，根据历年上海市的中考作文题可以看出，出题人的主要目的是想通过作文来感受青春少年的内心，倾听他们的想法、愿望、希冀和理想，从而达到考察写作能力并提升少年人格的目的。

第32课 怎么审准倾诉性作文题

　　上海市中考作文题目出得很不错，历年来都以倾诉性作文为题。前面说过，倾诉性作文题也可以写成议论文，但用的又不是一般议论文的写法。

　　这些倾诉性作文题目有观点和看法，又不像一般的议论文那样"高大上"、那样空泛，很容易用讲故事的方式来表达内心情感，倾诉自己的看法、想法、见解与情绪。

　　以下十个作文题目，是我搜集的上海各区中考一模作文题目。这些作文题目贴近初中生活，有利于表达自己的情感和情绪，在做中考作文训练时可以试着写一写。

　　　1. 我并不完美

　　　2. 有一种幸福叫感动

　　　3. 因为有你

　　　4. 爱在细微处

5. 别样的精彩

6. 那一刻，我发现了自己

7. 总有一刻属于你

8. _____，让生活更好

9. 最好的奖赏

10. 前行的路上

对这些作文题目，我有四个建议：

第一，平时作文练习就可以写这样的作文，紧扣这些题目，用亲身经历的故事和体验来表达每篇作文里的主题。比如《我并不完美》，首先应该讲故事，讲一两件亲身经历的事，把真实的体验和感受写出来，然后表明"我"并不完美，是有一些缺点和不足的。但作文不能到此为止，接着就要说，虽然"我"并不完美，但"我"很快乐、很自信，也愿意通过努力改变自己，使自己进步，让自己变得优秀。最后再强调一下，"我"并不完美，但"我"相信自己，相信自己会变得更美好，相信生活和世界会变得更美好。

第二，平时的作文练习一定要做修改。考试时因为时间限制，一般写完作文，考试时间就到了，根本没有时间修改，有些话写错了或者写得不满意，甚至有些字写错了，都来不及修改。但平常练习时，每写完一篇都应该修改两三次，把词语打磨好，把话写得圆润感人一些，把细节写得生动一些，把形象写得传神一些。修改作文不但可以打磨文字，让文字更美、表达更恰当，最重要的是，它可以培养耐心和判断力，还能培养对文字的敏感度，让自己进入写作的快乐境界。因此，作文写完后认真修改润色，对考场上的作文也大有裨益。

第三，这种倾诉性的作文题目需要表达的观点和看法，一定要通过真实的故事来倾诉或传达出来。前面提到过，最好是用自己亲身经历的故事来传达，因此每一篇作文都要讲一个故事。写几次你就会发现，在这篇作文里讲得很生动的故事，在别的作文里也可以用。所以，写故事时，一定要把细节特别是感人的细节和话语写出来。故事讲好了，你会发现，几乎每一个故事的主题，都是可以切换的，只要把开头和结尾重新写一下，就可以很好地把故事嵌入作文里，然后变出一篇能够表达新的情感和情绪的作文。

第四，平时训练时，可以专门练习对作文主题的提炼。下面是对这十个作文题目的主题和内容做的简单提炼。

1. 我并不完美

（承认自己不完美，但要表达这一点：我虽然不完美，但我没有失去信心，我愿意通过努力来使自己变得更优秀。）

2. 有一种幸福叫感动

（每个人都要经历幸福，都会体验幸福，不同的人对幸福有不同的看法。我觉得自己很幸福，在学习和生活中遇到了很多美好，遇到了不少良师益友，他们做过的一些事让我感动，让我感恩生活，更渴望幸福。）

3. 因为有你

（你是我的好友，也可以是我的老师，还可以是我的家人，因为你的友谊、你的关爱、你的呵护，让我学习、生活很快乐，也收获了很多。希望继续得到你的陪伴、鼓励和引领，也希望自己更加坚强、独立和自信，更加进步。）

4. 爱在细微处

（爱不是空洞的、抽象的。爱是生活中的点点滴滴，是一次次的伸手，是一次次的感动。）

　　5. 别样的精彩

　　（学习和生活很多时候都很平淡，但换一个角度看，许多平淡的时光和经历都有着别样的精彩，青春的岁月是闪亮的，少年的情怀青葱而富有。去努力，去追求，让平淡的学习和生活变得丰富，收获就如细水长流，总有惊喜。）

　　6. 那一刻，我发现了自己

　　（我一直以为自己不行，很不自信，甚至萌生了自暴自弃的念头。但一次经历让我发现了自我，找到了自我，那是真正的自我，这让我有了自信，也不再自卑。）

　　7. 总有一刻属于你

　　（学习很紧张，有时候可能会让人感到青春很迷惘。但努力、专注地做一件事，你会发现你能行。不要迷惘，不要彷徨，总有一刻属于你，你才是自己的主人。）

　　8. ＿＿＿＿＿＿，让生活更好

　　（可以写：爱，让生活更好。友谊，让生活更好。艺术，让生活更好。）

　　9. 最好的奖赏

　　（可以写爱是最好的奖赏，也可以讲述自己曾经失败过，但通过努力重新赢得了优异的成绩，得到了最好的奖赏。当然，还可以写得富有哲理一些：思想，是孤独最好的奖赏。）

　　10. 前行的路上

　　（前行的路上，会遇到很多困难。但再大的困难，我都要用坚定的意志、努力的学习与工作把困难打败……）

　　以上十个作文题目的主题和内容不一定符合每一个人的想法，但我觉得你可以试一试，在正式写之前，试着把主题确定下来，把要写的内容想清楚，然后动笔去写。每篇至少写 600 字。认真写，写出十篇像样的作文后，再去面对中考和高考，差不多就可以信手拈来了。

第 33 课　怎样写出现实与想象

近几年，北京市中考作文题目出得很有意思，基本上都是两个题目，让考生二选一：一个写现实，一个写想象。比如 2017 年北京中考语文作文题目：

从下面两个题目中任选一题，写一篇文章。

题目一：古人云，"万物贵其真。"这句话启示我们，无论是大千世界中的万事万物，还是日常生活中的为人、做事，都贵在一个"真"字。请将"_____贵在真"补充完整，构成你的题目，写一篇文章。不限文体（诗歌除外）。

题目二：假设你走进一个神秘莫测的森林王国。你能听懂那里花草树木的语言、飞鸟鱼虫的交谈、泉水山石的对话，并且还能和它们一起交流、生活……在那里，你们之间会有怎样的故事发生？你又会有怎样的收获？请你发挥想象，自拟题目，写一篇记叙文。

要求：

（1）请将作文题目抄写在答题卡上。

（2）字数在 600～800 间。

（3）不要出现所在学校的校名或师生姓名。

显然，题目一就是要写现实。以《_____贵在真》为题写一篇作文，想一想，"做人贵在真"就是一个比较不错的题目。定下题目后，稍微审题，梳理一下思路，就知道如何下笔了。做人贵在真？怎么做人才算真？或者说，注意哪几个方面才算是做人的真？一般来说，讲真话、办实事，才是做真人。因此，"做人贵在真"这个题目就要从这个内容出发，举出事例，把自己生活中的感受写出来，尤其是学习、生活中遇到的求真务实的人与事。这样，作文就有了可靠的内容，观点也可信了。

题目二就是要写想象。也就是要写一篇童话作文，或者写一则幻想故事。爱读童话的孩子一拿起笔，就可以写出一个很有趣的故事。比如对这个题目，一落笔就可以写成《森林王国奇遇记》或者《误闯森林王国》之类的故事。读过《爱丽丝漫游奇境记》和《木偶奇遇记》等经典童话的同学，写起来会很轻松。不过需要提醒的是，如果写《森林王国奇遇记》或《误闯森林王国》这样的童话，因为字数的限制，不可设定太多的形象，只要写一两个形象和一两件趣事即可。写多了，线索太复杂，人物设定得太多，故事就得要很多字才能讲完，所以，要在 800 字以内讲故事，要有叙述的分寸，绝不能无边无际地想象，更不能信口开河。

再来看看 2018 年的北京中考作文题：

从下面两个题目中任选一题，写一篇文章。

题目一：一位著名学者曾经说过这样的话：任何一个多少知道

一点自己国家历史的人，都应该对本国过往的历史心怀敬意。历史不仅书写在浩瀚的史籍里，也沉淀在众多的历史古迹和历史文物中。请你任选一处古迹（圆明园除外）或一件文物，将"_____，让我心生敬意"补充完整，构成你的题目，写一篇文章。不限文体（诗歌除外）。

题目二：请你用上"伙伴""困境""成长"这三个词语，以"在幽深的峡谷里"为开头，发挥想象，写一篇故事。题目自拟。

要求：

（1）请将作文题目抄写在答题卡上。

（2）字数在 600～800 间。

（3）不要出现所在学校的校名或师生姓名。

2018 年的作文题也沿袭了 2017 年的模式，二选一的题目里，依然是一个写现实、一个写想象和幻想。题目一完全可以写成《天安门城楼，让我心生敬意》或者《编钟，让我心生敬意》。这样的题目不是怀古作文，而是要启发学生，通过对古迹和文物的认识、理解，来谈自己对历史、对文化的看法，而且要联系实际、落到现实，写出自己的观点，抒发自己的情感。

题目二，琢磨一下，可以写成一篇成长童话。世界经典历险童话一般都是围绕"伙伴、困境、成长"这些主题展开的，比如一个童话主人公，往往因为顽皮淘气而离家出走，后来遇到了伙伴、朋友，在伙伴、朋友的帮助下摆脱了困境，克服困难，终于走出险境，在历险中完成了生命的成长。因此，这个题目可以写成像《峡谷历险记》这样的故事，开头就按照要求写，在讲述历险故事时，把"伙伴""困境""成长"等融进去。因为字数限制在 600～800 字，故事不能太复杂，人物形象最好只有两个：一个是"我"，另一个就是伙伴。故事里对困境的设计也不要太多，只要讲述一两个就可以了，否则结尾拖沓散漫，会超过规定的字数。

以上是对近两年北京中考作文题的一些看法，这些题目要么写现实、要么写想象。作文写现实、写想象，其实都不难：写现实，通常结合现实生活谈看法；写想象，则通常要释放想象力，去讲一个有趣的故事，借此表达愿望。有些孩子在写现实时不能结合实际生活，尤其是不能结合身边的生活与自身的体验来谈看法，写的作文就缺乏说服力，也没有真情实感。

有些同学在平常的课外阅读中没有仔细思考过：自己读的作品是写现实的还是写想象的，它们之间的区别是什么；当读到写现实的作品时，是否形成了看法；当读到写想象世界的童话或幻想故事时，是否表达了愿望或满足了自己的愿望。如果平时阅读时能有这样的思考，那像北京中考这样的二选一作文题，做起来也就不难了。

第 34 课　为什么要写想象作文

这几年，教育界对想象作文的关注越来越多，而且作文考试也开始出幻想作文题目，这是一个进步。

比如，2019 年北京市中考作文的考题里就有幻想作文。它要求考生从以下两个题目中任选一题，写一篇文章：

题目一：请将"北京，这里有我的 ＿＿＿＿＿"补充完整，构成你的题目，写一篇文章。不限文体（诗歌除外）。

题目二：设想你是漂泊在其他星球的地球人，或是外出遇险的动物，或是消逝的一片森林，或是流失异国的文物……请以"我终于回来了"为题，发挥想象，写一则故事。

显然，题目一考的是写实。一般来说，看到"北京，这里有我的 ＿＿＿＿＿"，就会联系自己的生活经历，写一篇在北京生活、学习的见闻、感受。比如，以"北京，这里有我的家人"为题，就可以写出一篇写人作文。以"北京，这里有我的追求"为题，就可以写一篇青春感悟，讲述在北京的成长经历，表达少年情怀，讲述青春奋斗的心路历程。而从题目二来看，就知道是要求作者展开幻想、想象，写科幻故事，写童话故事。但这个题目里的提示语并不好，容易引导学生围绕"地球人从外星回来的见闻和经历""森林恢复了""文物回归了"三方面来讲故事，容易局限考生思维，束缚他们的想象力，造成中考作文内容和题材雷同的现象。因此，题目二不应有过多的提示，直接出题为"我终于回来了"（写一篇幻想作文）即可。

以上只是就 2019 年北京中考的作文题谈一点看法。幻想作文的写作是非常有意义的，下面从两方面谈谈什么是幻想作文、为什么要写幻想作文。

什么是幻想作文呢？幻想作文属于故事作文，因此，记叙文的基本写法在幻想作文里是有效的。我们都知道，记叙文就是讲故事，但常规的记叙文写的都是真实的生活故事。我小的时候，语文老师布置写记叙文，一般要求写好人好事，于是，我曾经编造过一个故事：放学路上，把农民伯伯的大白猪从水稻田里赶出来，路上还摔了一跤，全身湿透，最后终于把大白猪赶出来，避免了稻谷被大白猪糟蹋。而且在追赶大白猪而摔倒时，我的耳边响起了雷锋叔叔的话，于是，我又爬起来，追赶大白猪。那篇记叙文是编造出来的，因为当时我根本没有追赶过大白猪，而且我的耳边也没响起雷锋叔叔的话。现在回想起来，觉得很好笑。不过，这是我小时候作文的普遍现象，因为老师要求写好人好事，但我们又不可能天天做好人好事，也很难遇到好人好事，就只好编造（虚假的生活故事）。不但是我，班上其他同学也闹了很多笑话。

其实，记叙文就是讲故事。那讲什么样的故事呢？我觉得最好讲生活中发生的事，比如在家里发生的事，在班级、学校发生的事，在街道上遇到的事。而且讲述这些事的时候，不要刻意选好人好事。有的事是有趣的；有的事是无趣的，甚至是让人闹心的；有的事是难忘的；有的事是可气的……只要讲述完整，讲清楚了，讲明白了，就很好了。尤其是在小学三四年级时，从讲述生活故事开始，来一步一步学习作文，是非常好的。但记叙文显然不应该只是写真实的生活故事，还可以写想象故事。也就是说，记叙文里还应该包括想象作文或幻想作文。会讲生活故事了，有了最基本的讲故事的能力，那时候，再展开想象力，讲述想象故事，记叙文的层次就提高了一个阶段。从讲真实的故事到讲想象故事，这是讲故事能力的一个提升。

那么，什么是想象作文？它显然是记叙文的一种，而且是把想象的事讲述出来。想象作文既可以是童话，也可以写成科幻故事。因此，写想象作文，就是让中小学生写童话、写科幻故事（科幻小说）。

为什么要写想象作文呢？我觉得主要有三个理由。第一，打破多年来作文只写材料作文的惯例。多年来，中高考作文主要考材料作文。大家都知道材料作文是什么，就是给一个材料，让考生谈看法，表达观点，然后说理。所以，说理作文、观点作文变成了一个套路。当然，中高考出材料作文题更好判分；不像出抒情文和诗歌题那样不好判分，阅卷老师意见难以统一，也给不了比较标准的答案。于是，材料作文年年写，每个语文老师都要抓材料作文教学。这样一来，学生的作文训练了抽象思维，却越来越不会抒情、不会想象。

第二，拓宽了大家对作文的认识，尤其是对记叙文的认识。想象作文，讲述想象的故事，建造一个想象空间，让每一个人体验和真实生活不一样的形象、事件和经验，这是一种全新的体验。而且人本来就有幻想，每个人的生活里就包括了幻想和想象的生命体验，因此，想象作文也是回归人的本体，尊重人的生命。

第三，想象作文最重要的是发挥想象力，拓展幻想边界，鼓励学生去创造更新的文字世界，并理解更丰富的文学世界。

这三个理由，足以让想象作文自然地走进中高考试卷，当然，也会顺利地走进作文课堂。

事实上，语文教材里就有想象故事，比如小学语文课本里有不少童话，还有一些动物寓言、动物故事、植物故事，都是与真实的生活故事不一样的，属于想象故事。再如，初中语文课本里就有科幻故事和科幻小说，还有一些神话故事。因此，写想象作文和语文教学是一致的，既然课本里有，为什么不能让学生去写呢？所以，从理论上说，中小学生要想学好语文，应该把语文课本里有的生活故事、名人故事、童话、寓言、科幻故事、散文、儿歌、新诗、古诗词等文体都练一练，都写一写。当每一个文体都会写的时候，对这个文体也就理解了，以后再写，就不害怕了。所以，科学的作文教学与训练，应该基于语文课本里的文体训练，让每个学生都把前人写过的作品样式试一试、写一写。

第 35 课 北大"培文杯"小初组题目解读

我曾多次应邀参加北大"培文杯"全国青少年创意写作大赛，担任小初组的评委会副主席和整个大赛的评委。2018 年的北大"培文杯"开题时，由我和北京大学的孔庆东教授来解题。下面是我的解题，希望对你的写作有些启发和帮助。

第一个题目解读

第一个题目是一首英文诗，要求大家根据这首诗写一篇文章。这首诗原文如下：

I Am Afraid

You say that you love rain,

but you open your umbrella when it rains.

You say that you love the sun,

but you find a shadow spot when the sun shines.

You say that you love the wind,

but you close your windows when wind blows.

This is why I am afraid,

because you say that you love me too.

从翻译的准确性和有趣性来看，可以把题目译成《我忐忑》。土耳其诗人 Qyazzirah Syeikh Ariffin 的这首诗，写出了一种爱情的矛盾心理。可以试译如下：

我忐忑

你说你喜欢雨，

但下雨的时候你却撑开了伞。

你说你喜欢太阳，

但阳光照射的时候你却躲到了阴处。

你说你喜欢风，

当风吹来的时候你却关上了窗户。

这就是为什么我忐忑，

因为你也说你喜欢我。

对小学生来说，理解这首诗时会受到限制，因为自己的爱情心理体验不够，也不符合小学教育的要求，所以更适合初中生发挥。青春期的学生应该体验过这种矛盾的心理，因此该诗容易唤起他们敏感的内心，启发他们去理解爱以及其他事物的微妙之处。我把诗的后面两行译成"这就是为什么我忐忑／因为你也说你喜欢我"。无论是小学生还是初中生，都可以抓住"忐忑"的矛盾心理来做文章,这样会很有意思。

第二个题目解读

第二个题目是《纸》,要求大家围绕"纸"写一篇文章。

《纸》这个题目很好,也符合温儒敏教授主编的新部编版语文教材的目标。新部编版语文教材强调阅读,强调读写结合,把语文的目标定位在阅读上,最终达到会写的目标。因此,《纸》这个题目非常好,能够充分显示语文的价值。

对于《纸》这个题目,小学生和初中生可以彻底释放想象力,有很大的文字表现空间。纸的故事很多,蔡伦造纸、古登堡发明轮转印刷机、纸上谈兵、洛阳纸贵、纸醉金迷、钻故纸堆……我们读的书、写的文字,乃至所有的智慧的、文明的符号似乎都要借助纸来呈现和表达,所有的悲欢离合、嬉笑怒骂都可以通过纸来倾诉。读书是纸上游戏,写作也是纸上游戏。有了纸,我们不用再仅凭一张嘴来表达、来证明;有了纸,白纸黑字让我们的思维更加严谨、信息更加准确。就连爱恨情仇也有了一份清晰的物证。

纸,可以写诗,也可以写故事、写幻想文学,还可以写很多创意性的文字。有了纸,就有创意;有了纸,就可以记录创意。

解题就是审题。北大"培文杯"的专家解题,是为了帮助参赛者理解题目,启发他们释放想象力,在不偏题、不跑题的基础上,写出更具创意的作品。

第 36 课　从作文到创作

作文谈了这么多，大家都知道作文是什么。即使不能说出作文的概念或定义，但都亲自经历过作文：从小学到高中，只要是中国人，就都经历过十二年的中小学教育，都知道作文到底是怎么回事。

严格意义上说，作文就是模式化写作，按照记叙文、议论文、说明文三种模式去写。在写作文时，不但要按照格式写，还要突出主题思想，每一篇作文都要升华主题，不然的话，考试就得不了高分。有意思的是，作文的主题通常要符合主流价值观和形势政策的要求，因此特别强调立意。在作文之前，老师反复强调要有立意、要构思、要谋篇布局，这就意味着，作文的时候要先入为主、主题先行；这也意味着，要先有模式，再有写作。大家都知道，主题先行其实是写不出好文章的，顶多只能写些应景的文字；或者说可以写出符合要求、看起来挺漂亮的文章，但绝难写出发自内心的具有个性的文章。但作文也好，创作也好，其目标不是为了应景，而是要展露写作者的心性，培育写作者的写作能力，即用文字表达内心的能力和用文字创造一个独特的精神空间的能力。所以，作文的实际写法和要求与创作的目标是不一致的。这也导致了中小学语文教育里的作文教学环节总是脱节，既跟不上语文能力培养的步伐，也跟不上学生们学习的愿望和要求，还难以达到舒放学生心灵、展示学生想象力的目的。而语文老师因为教不好作文，很难在作文方面取得实效，也会产生严重的挫败感和职业倦怠。

那么，该怎么解决作文的困境，让学生从模式化的写作中解放出来？我觉得可以从三个方面来解决，实现从作文到创作，用文字建构自我、丰富人生的愿望。

第一，打破常规的作文模式，从写故事开始。

刚开始写作文时，先学写故事，也就是先学叙述。培养叙述能力是学写作文的最好起步方式。要让孩子学会讲一个完整的故事，完成对一件事的叙述。语文老师可以让学生用 100 来字讲一个完整的故事，然后在学生顺利完整地讲一个故事的基础上，再鼓励他们讲生动的、有趣的故事。在叙述的训练方面，可以从三个方面来练习：一是讲述家里发生的事，比如和爸爸妈妈待在一起时发生的事情。二是讲述班级或学校里发生的事，比如班上同学之间的争吵、玩耍、打闹等；还可以讲述学生和老师之间发生的事，包括在课堂上发生的事。三是讲述在街道上、旅途中看见的事，或者听别人讲过的一件事。

第二，重新定义好作文，也就是重新定义好作文的标准。

什么是好作文？是不是那些用了好词好句、引用了唐诗宋词和名人格言的就是好作文呢？不是。好作文是什么？我觉得好作文应该是对真实的经历的记录，或是对真实的想法的记录，再或者是对真实的情感的记录。重要的是，好作文要来自生活，或者来自内心，而不是刻意编造出来的。好作文写的是来源于个人生活的、能够自然表达和叙述出来的经验。好作文之所以好，不是因为用了华丽的辞藻，而是因为它是发自内心的，有真情实感，同时用的是自己的质朴的语言，而不是矫揉造作的词句。所以，好作文的标准就是：立足于自己的生活经验和感受，用质朴的文字写出来。

第三，在讲故事、写故事的基础上，拓展自己的想象力，把写作的基本功练好。

要求做到三点：一要在叙述的基础上学会描绘。怎么在讲故事的时候加上描绘？其实并不难，你可以描绘主人公的形象、外貌和心理，也可以描绘故事发生的环境或场景，等等。加上描绘之后，故事的人物形象就变得丰满了、立体了、好看了，环境也有空间感和感染力了。故事的字数多了，也更生动形象了。

二要在叙述的基础上学会抒情。其实，表达观点是一种抒情。不要以为抒情只是表达爱和恨，表达看法、思想和人生观也是一个人的情感态度。写作文的时候，没有必要把议论与抒情分开，应该把议论看成抒情的一部分。会抒情了，有了自己的观点、看法、思想和情感，文章就会有血有肉，给人丰富的阅读感受。

三要把叙述、描绘和抒情有机结合起来。一个好故事不但要有情节，还要有形象和环境，更要有思想和情感，这三者缺一不可。三者有机结合起来，文字就会很流畅、生动、丰满、有感染力，写出来的故事也就有了审美的意味、有了修辞、有了技巧、有了美感、有了爱与思想。这样的写作，写出来的就是审美的个性化文字，就叫创作。

因此，要实现从作文到创作的跳跃与突破，一定要打破作文的模式化写作，从最可行的讲故事开始训练，经过合理的步骤，达到审美化、个性化写作的目的。在这里想要告诉孩子们，从作文到创作不是不可实现的；通过对作文正确地理解和恰当地训练，就可以实现。一句话，从作文到创作，是模式的突破，也是思维的突破，更是理解力和想象力的突破。希望孩子们不要拘泥于作文形式，更希望语文老师们不要拘泥于作文思维，用智慧和努力，把学生从刻板的作文中解放出来。

第 37 课　怎样写出一等作文

有些孩子写的作文，总分 60 分，每次考试都只能得 46 分或 47 分，顶多得 49 分。孩子很着急，非常希望能写出 56 分以上的一等作文，但不知道自己得不了高分的原因在哪里，也不知道怎样才能迅速提高自己的作文水平。

我辅导过几位小学生的作文，发现孩子们的作文没什么大问题：写一个故事，能够写完整，甚至还能引用一两句唐诗宋词；写一篇议论文，能讲得出道理，表达得也比较清晰。但是读完，就是觉得有点平淡，或者说，让人觉得文字干巴巴的，好像缺点什么。我还辅导过几位初中生的作文，发现他们都能写到 600 多字，语言也通顺，作文的结构也没什么问题，说出的道理或者表达的情感也是清晰的，但读后总觉得差点什么，无法把它们归到一等作文里给高分。

我总结了这种二等作文的特点，大体有四点：一是文字比较规矩，形式都对，但写得拘谨，总觉得读起来不够自然，流畅度也不够。二是文章的结构没什么问题，但首尾呼应不到位，整体感差一点。三是写得不跑题，也基本表达了主题，但开头和结尾没有把主题提炼出来，所以一读，总觉得表达的情感和思想不够明确，感染力不够。四是作文里缺失感人的细节，缺乏几个显示作文个性的句子。比如记叙文细节不细、不生动，心理活动写得不细腻，动作写得不够传神，人物的语言写得不够有个性，景物描绘没有把景物的特点传达出来，等等，这些都是缺乏个性化表达的问题。

要想从二等作文里跳出来，写出一等作文，就要总结经验，把作文打磨好。根据指导学生作文的经验，我觉得可以从四个方面来抓好作文，提升作文水平。

第一，平时的作文练习要用心修改，认真打磨。

考试作文写得好不好，有赖于平常的作文练习；平时不认真练习，考试时不可能一提笔就写出好作文。因此，要注意抓好平时的作文，让平时的练笔成为考试作文的基石。不少孩子平时作文写得很随意，老师布置的题目随便一写就交了，老师批改后提出的意见也没好好琢磨，更没有根据老师的意见去进行修改和润色。还有的孩子平时作文写完了，不会自觉地修改润色。其实，再厉害的人，要想写出好作文，都得慢慢锤炼字词句篇，都得在修改和补充的过程中，逐步完善自己的作文技能。每写完一篇作文，最好先放一放，过一阵再仔细读一读，就能发现不少问题，找到修改的方式。现在很多孩子都用电脑写作，感觉这样打字很方便，在做作文练习时，这种情况就更需要及时修改、润色和锤炼。修改和润色有一个好处，就是可以培养对文字的敏感度，尤其是培养一种完美主义作风。金无足赤，人无完人，作文如做人，要尽量做到更好。做人也许不可能完美，但作文可以追求更美。

第二，作文要尽量追求准确、恰当的表达。

准确、恰当的表达有很多种。比如写记叙文，时间和地点就不能太虚；如果一个故事讲完了都没有清晰的地点和时间，这个故事就缺少基本的元素。写一位同学，如果写了 600 字，同学的外貌和特点都还很模糊，就说明表达有问题，或者描绘得不够恰切。写妈妈的爱，写的却不是妈妈的爱，只是写了妈妈的辛勤劳动、对孩子学习生活的关心，虽然这也是妈妈的爱的表现，但如果没有落到妈妈的爱上，就好像在打擦边球，球也上了桌，但不容易接住。写游记，路线要写清晰，地点转换要清楚，一路上景物的出现是有先后顺序的，这些都是恰当的表达，否则就会让人一头雾水。写议论文，观点的表达要一致，不能开头说这个，中间说那个，结尾又没有落回开头的主题上，这样的表达是不准确的，甚至会跑题。

第三，作文要凝练好主题，把思想和情感明确地表达出来。

如果是写说明文，只要把描述做好，把要说明的物体的特征准确呈现出来，就够了。如果是写记叙文和议论文，则一定要凝练主题。写人记事类的记叙文通常要讲一两个故事。为什么要讲故事？一定是为了说明或是突出一个主题，表达一种思想与见解。因此，讲完故事后一定要凝练主题，把思想和见解恰当地表达出来，让读者从故事里受到启发。写议论文需要亮出观点，然后围绕某一个观点组织论证，用事例论证，因此论证要紧紧围绕主题，突出对观点的支持，这样的作文就显得紧凑、结构完整，给人以严谨的感觉。如果讲的事例不能很好地支持你的观点和看法，不能让读者从中得出与作文题目一样明确的观点、思想和见解，这个事例的讲述就偏了题。

第四，作文的语言要轻松自如，带给读者愉快的阅读感受。

优秀的作文不但主题突出、表达准确，还要语言自然轻松，能带给读者舒畅的阅读感受。有些作文写得语言枯燥、干巴巴的，甚至有许多长句子，这就给人很拗口的感觉，这样的作文就达不到一等作文的标准。

一等作文一般要符合四个要求：一是结构严谨，首尾呼应，整体感好；二是主题鲜明，观点突出，有说服力和感染力；三是故事生动，描写细致，善于运用修辞；四是语言通畅，语感流畅，清新自然。因此，一篇作文要想写好，需要从多个方面下工夫的。如果一篇作文读起来感情流露很自然，叙述很自然，表达观点很自然，就会让人整体上感觉很自然，这样的作文越读越有愉悦感，读到最后，阅卷人员往往会给高分。

所以，要想写出一等作文，就得在平常多花时间和精力，去练习、去修改、去感受、去提炼。平常的作文练习、小测试的作文都要认真对待，它们都是考试作文得高分的前提。

第38课　读微童话，快速学会写故事

有一次，我到北京一所小学给语文老师讲课。讲到如何教作文时，我告诉他们一个妙招：用微童话来快速提高学生的作文能力。

我带来了我写的三个微童话：

爱吃甜果的大白兔

大白兔爱吃甜果，兔妈妈说："你就两个大门牙，还不保护牙齿！"大白兔捂嘴笑了，说："妈妈真会开玩笑，吃甜果不会伤门牙的。"兔妈妈觉得大白兔说得有道理，就不吱声了。但大白兔说："妈妈，您的话倒提醒我保护牙齿了。以后吃完甜果，我要及时刷牙。"兔妈妈笑了，给了大白兔一个大大的萝卜。

大白兔搬家

空气不好，大白兔想搬家。"搬到哪里好呢？"大白兔坐在树下犯愁。鹅太太说："搬到山那边的草地去吧。"听了鹅太太的建议，大白兔背着行李，爬过山，来到那片草地。让大白兔惊讶的是，这里空气也不好，而且草很少。"怎么办？没想到都这样。"大白兔又犯愁了。这一次，大白兔下决心搬到更远的山里去。

小熊贪吃

小熊贪吃，很快就长胖了。小鹿提醒他说："要节食，还要运动哟。"小熊觉得小鹿说得有道理，于是开始跑步，也开始节食。坚持了一段时间，小熊看到小鹿，说："我再运动，也没你这样健美的身材。"小鹿笑了，说："可别这么说，至少你身体更健壮了。这就是运动的好处。"小熊受到鼓励，继续坚持跑步。

我给语文老师们两分钟的时间阅读，他们很快就读完了。我问他们："你们觉得这三个小童话有意思吗？"他们都说："有意思。"然后，我让他们谈一些感受。老师们的感受主要有这三点：

一是他们觉得这三个微童话虽然字数很少，但的确是童话，而且有趣味。

二是他们觉得这三个微童话都来自生活，好像里面的小白兔和小熊都是身边的孩子。

三是他们觉得这样的童话写起来不难，好像谁都可以写。

听他们讲完，我总结了一下，也谈了自己的体会。我说，当初我在新浪微博上写微童话，因为对话框最多只能写 140 个字，所以我就想办法用 100 多个字写出一个故事。另外，写的时候，为了让读者喜欢读，我尽量让故事有趣味一些，而且要来自生活，这样读者觉得好玩，还贴近生活，他们就能读给孩子听，也能吸引孩子。

我还给老师们讲了微童话写作，告诉他们：如果你们写，也能写得很好。我给他们几分钟的时间，让他们去写微童话。结果，每位老师都写出了很有趣的童话。有几位老师还当场读了自己的作品，其他的老师听了都觉得特别有趣。那次课气氛非常好，大家都觉得收获很大。

其实，这个办法在我给孩子讲课时也用了很多次，次次效果都很好，每个孩子都能写出微童话来。

用微童话练习写作、练习写故事，是非常有益的。优点主要有三个：

第一，让写作者觉得并不是字数很多才能算是一个故事。

写出一个有趣的故事，其实只要一两百字就够了。写微童话能让写作者消除畏难情绪，对写作产生信心。

第二，生活中所有的物件和小事都可以变成童话里的元素，都可以转换成童话。

可以说，生活时时有童话、处处有童话，只要想写，就可以把自己的生活变成一个又一个童话。

第三，微童话字数少，但故事完整，符合孩子写故事作文的需要。

有的家长和老师总喜欢让孩子写很长的作文，好像写得长才算会写。

其实，开始写作文时，尤其是写记叙文时，只要孩子能写出一个完整的故事就可以了。让孩子先写短故事，培育兴趣，练习叙事能力，渐渐地，他们就能把故事写长一点。

通过做微童话讲座，我有一个深刻的感受，那就是：写好作文、讲好故事，并不是技术问题，而是思维问题、观念问题。人人都会作文，每个孩子都能成为写作高手，只是家长和老师对作文、对孩子的认识不到位，教育孩子的思维没有转变过来，才让孩子有了畏难情绪，失去信心。

我用一些简单的语言和方法启发了很多孩子爱上作文，也让语文老师知道，作文教学并不难。

第 39 课　成为小作家的几个条件

　　有不少爱写作的小学生和中学生都想成为作家，不少父母也期待孩子成为作家。这些年，我遇到很多父母，他们带着孩子参加各种文学夏令营和冬令营，参加各种文学写作比赛和作文竞赛，甚至不惜代价找名家来辅导孩子的写作。家长这样做，一方面是因为重视孩子的语文学习；另一方面也是因为孩子对语文有兴趣、对写作有兴趣，作为父母，他们想尽量满足孩子的愿望，希望孩子能够在写作上有所发展。还有一个原因，就是现在语文考试作文占分比加大了。此外，参加全国性比赛获了奖，升学会更有优势，有些全国性作文竞赛的一等奖还是重点大学提前招录的指标之一。

　　那么，怎样才能成为小作家呢？根据我自己的成长经历和我对其他作家的了解，我觉得有以下六个方面的条件。

第一，家庭要有良好的阅读环境。

　　要想孩子成为小作家，家庭条件很重要。大凡那些作家，回忆童年时都与书有关；即使是童年时期非常贫困的作家，也少不了要读上几本好书。我遇到过几位老作家，他们小时候没什么好书可读，身边能够接触到的好书很少，但一本古典小说、几本领袖的传记，都可以启发他们对文字的兴趣。莫言提到他小时候没什么书可读，但《聊斋志异》这本书他反复咀嚼，受益匪浅。后来，有人评价莫言的小说，说是受到了拉美魔幻现实主义的影响，其实，他小说里的魔幻是从《聊斋志异》里学到的。还有一些作家之所以走上写作之路，是因为家学渊源，父辈、祖辈都爱文学，且有造诣。所以，家里有书、有阅读条件、有文学氛围，孩子爱上写作、会写作就是一件很自然的事。

第二，遇到一位启蒙老师。

那些成为作家的人，大部分要么是父母支持自己写作，要么是遇到一位好老师，在他们迷恋文字时鼓励过他们。读这些作家的回忆性散文，会发现很多人都有一位文学启蒙老师——这个人要么是父母，要么是老师，要么是编辑。叶圣陶在《我和儿童文学》里就提到自己初学写作时，《儿童世界》的主编郑振铎敦促他写稿子，于是他一口气给《儿童世界》写了二十来篇童话，其中就有《稻草人》。

我在高中时遇到一位姓吴的语文老师。他教学特别认真，把学生的优秀作文用蜡纸刻写油印，制成作文小报《苗地》，贴在学校的橱窗里。我的作文也多次被他刻写刊登在油印小报上，还被当作范文在班上朗读。这对我是莫大的鼓励，树立了我的自信。后来上大学，我遇到一位姓张的校报编辑老师，他鼓励我写作，指导我写新闻、写诗，给我谈文学感受，让我受到了初步的文学启蒙。当然，有的人小时候爱上写作是受到哥哥姐姐的鼓励和帮助，或者初次投稿就遇到了一个负责任也乐于扶持新人的编辑。

第三，参加一些文学活动。

要想成为作家，孩子要尽量积极参加学校举办的作文比赛和文学社活动。现在不少中小学都有文学社和诗社，里面有专门的指导老师，如果孩子积极参加，会有不小的收获。我去浙江一些小学做讲座，发现那里一般都有热爱文学的老师组织诗社、文学社，带着孩子写诗、写童话。此外，还可以参加一些校外文学活动，包括一些作文比赛和夏令营。现在，各地都举办少儿文学竞赛和作文比赛，有的是针对少儿的比较权威的创作比赛，比如北大"培文杯"全国青少年创意写作大赛。参加这样的比赛，一是可以练笔，测试自己的写作水平；二是可以遇见一些文学大家，因为这样的大赛的评委都是国内顶级的作家和教授。

第四，争取得到名家的指导。

大家可能知道"80后"文学现象。在"80后"那一批青年作家中，有的刚出道就拜曹文轩、白烨等著名作家、评论家为师；有的出版处女作时还请曹文轩、白烨等名家写序，提高作品的知名度。对更年轻的小作者来说，如果有条件，可以到北京、上海拜访一些文学名家，请教写作的问题，通过与名家的接触，受到感染、感召，增强对文学的认识与理解；还可以到图书馆或大学里听听文学名家的讲座，读一读名家的作品，间接地接受名家的熏陶和指导。名家引路有两大好处，一是能够快速提高对文学的认识，二是能够借助名家的名声或资源进入文学圈。

第五，家人的支持很重要。

爱上写作，渴望成为作家，需要家庭的支持、父母的鼓励。很多作家的背后都有家庭的支持，尤其是家庭读书环境，给人的影响是巨大的。从小接受文学的熏陶，接触各种名著，就是在精神上打底子。因此，父母的支持、家庭环境的支持，对一个人的成长至关重要。我遇到不少小作家，他们之所以对文学有浓厚的兴趣，就是因为家里有不少文学书，父母也酷爱文学和写作，或者爷爷奶奶和外公外婆很支持。一位天津的小作家高中就出了三本书，她的外公是一位大学教授，家里有丰富的藏书，她小时候因为受到文学的熏陶和外公的关怀，特别爱读书、爱写作，很自然就成了一名小作家。

第六，要有耐心坚持写下去。

前面五条对于孩子能否成为作家起到很重要的作用，但最重要的，还是自己要有耐心坚持去写。前五条都是外部条件，第六条——孩子自己主观上的努力和行动，才是最重要的。耐心和坚持，是一个人做好所有事情的基本品质，没有这一点，要想成为作家，只能停留在空想阶段。《淮南子》里有一句话："与其临渊羡鱼，不如退而结网。"这句话的意思，就是与其站在深潭和河边想吃鱼，不如回家结网捕鱼、捞鱼。所以，能否成为作家，最终还是要靠自己努力去写，在不断的写作练习中提高自己、训练自己，使自己的文字更加接近文学作品的品质。

当然，每个人的条件不同、经历不同，能否成为小作家会受不同因素的影响，不过，无论怎样，基本条件具备了，作家之路就会变得通畅。

第40课　孩子自立自信才能进步

　　6月25日上午10点左右，北京市高考成绩可以网上查分了。大女儿第一时间去查，当她告诉我们自己的成绩时，我和她妈妈都特别高兴。但大女儿哭了，因为这次高考的成绩与她高中阶段几次大的考试相比，还是稍微低了一点，也就是说，她没发挥好，尤其是英语，之前历次考试都是满分或接近满分，但这次才拿到了130分。我和爱人安慰着女儿。我们知道，大女儿肯定能上北大，至少也可以录到人大和复旦。过了两天，我们家就陆续接到北大、人大、复旦、中科大和香港中文大学招生老师的电话，他们都动员我大女儿以第一志愿报考这些名校。尤其是中科大和香港中文大学的招生老师，很善于与考生和家长沟通，表示可以提供奖学金和其他优惠政策。我们深深感受到了这些学校的热情，也为大女儿能考出不错的分数而开心。

　　实话实说，大女儿不是那种刻意培养出来的学霸。她一直就是一个保留了天性、比较快乐和自强的女孩。大女儿小学是在石景山实验小学读的，这是区里比较好的小学，但师资条件以及学校的其他条件都并不令人满意，总体来看就是一所一般的社区小学。但大女儿读小学时，就养成了自立的习惯。三年级开始，她主动请求自己背着小书包，每天自己乘公交车上学。当时，我们家住在离小学有五站路的大学校园里，每天上学和放学，路上总共要一个小时。一般的家长都会开车接送；没有车接送的孩子，至少也有老人或保姆去陪同上学与放学。但大女儿三年级时不但自己上学，而且每天放学回家第一件事就是把作业写完。所以，在整个小学阶段，我和爱人都很省心。大女儿坚持在吃晚餐前完成老师布置的作业，一次也没欠过账。记得有一次，她好像是因为和同学一起玩，忘记了写作业，妈妈严厉批评她，她一边抹眼泪、一边很快把作业补写好了。再后来，她再也没有因为作业而让妈妈生气。当然，我们也鼓励她自己安排好时间，管理好自己的生活。她一直坚持 9 点前睡觉，而且临睡前会把第二天要用的课本和学具全部整理好，放到书包里，这样不至于第二天早上慌慌张张。因此，小学六年，她的每门课程的成绩几乎都是满分，每次期末考试都是班级第一和年级第一。虽然她没有当过班长和学习委员，她却热爱劳动，乐于助人，争做社区志愿者，还评上了石景山区三好学生、北京市三好学生和北京市优秀志愿者。

回想大女儿小学的生活，如果有什么值得骄傲的，那就是她养成了良好的学习生活习惯，学会了自我管理，也学会了自立。同时，她也培养了荣誉感和自信。她不但对班级的事情很热心，而且很愿意帮助学习成绩差的同学；看到一些男生欺负女生，总是敢于出面说话，很有正义感。学校里的午餐，她每次都是光盘，从不剩饭剩菜；老师说，她是六年来学校里唯一没有剩过饭菜的学生。这些都为她初中和高中的学习奠定了性格和品质基础。

对比一下周围不少家长，他们恨不得天天让孩子参加各种补习班，而且孩子两三岁就要背诵唐诗宋词，甚至有的家长一发现孩子出了问题、考得不好，就骂孩子笨，甚至打孩子。我和爱人却从不打骂大女儿，每当女儿遇到学习上的小困难，我们都鼓励她自己去解决，让她自己去思考、去发现、去找方法。我是大学中文系的教授、博导，爱人也是大学教师，我们都获得了博士学位，有些同事以为我们专业水平高，肯定每天都在辅导大女儿的学习。事实上，我的工作很忙，也从未指导过大女儿做题、作文。在语文学习上，更没有让她背诵唐诗宋词。她写作文，我告诉她尽量不要引用别人的话，要用自己的话写作文，千万不要引用什么名言警句和唐诗宋词。我对她说，连三四百字的作文都要引用几句别人的话，怎么能写好作文？作文一定要写自己的话，要学会用自己的文字讲故事、绘景、状物、发表观点和抒情。

女儿的作文能力和她博览群书有关。家里书很多，少说有三万册吧，所以女儿一有时间就会拿书读。女儿的领悟力比较强，她读到了好的作品，心里都会想一想、发发呆，每当这时，我们都不打扰她。她坚持用自己的话写作文，即使有时候语文老师并没把她的作文当范文，但我们这样鼓励她，却让她培养了对作文的兴趣。她小学写过一些作文，甚至一些散文和童话，达到了发表水平，我推荐给《中国校园文学》《东方少年》《小星星作文100分》《少年儿童故事报》等一些报刊，很幸运的是，编辑老师们都比较欣赏，及时发表了。其中，《少年儿童故事报》还用了一个整版刊登她的童话、创作谈和照片。《东方少年》杂志也专题介绍过她并刊登了她的童话。这些无疑大大激发了她对写作的热情，让她对语文有了更大的信心。

大女儿也爱绘画，平时有空闲时间时，就喜欢画一画。有一次，在《文艺报》工作的师妹来我家，看到她画得特别好，就选了一幅刊在《文艺报》的"少儿文艺"版了。为了让她画得痛快，我们给她报过短期的绘画班，还买了各种画具和颜料。不指望她当画家，只要她喜欢画，我就觉得很有意义。也许是我们这样宽容对待她的兴趣和学习，使她更加快乐，而且越来越爱绘画和写作。可以说，在小学阶段，大女儿过得非常快乐，她也充分释放了她的天性。

大女儿初中三年住寄宿，学习完全靠自觉，但她三年认真读书，还利用课余时间帮助学习成绩差一点的同学。中考时，她几乎每门课程都考得了优异的成绩。按照她的中考成绩，她可以选择北京四中，也可以选择北师大附属实验中学，还可以选择海淀区的名校人大附中和十一学校。也就是说，她的中考成绩让她可以有很大的选择空间，她能自由挑选最好的高中。为此，我咨询了两位做校长的朋友，也和爱人考虑到北师大附属实验中学在西单附近，然后和大女儿商量，让她进了这所高中。

大女儿有志于做医学专家。高中毕业，她被北大医学院录取后，我告诉了一些师友。有一些师友问我培育女儿的秘诀。我笑了笑说："真的没有。要说有，那就是她小学时培养起来的自立能力一直延续到了初中和高中，自立，自信，自强，而且有荣誉感，也愿意吃苦，学习肯定不会太差。"我和爱人交流，她也觉得大女儿主要是小学时养成了好的学习、生活习惯，而且她快乐自信，能吃苦。她在北师大附属实验中学读高中时，其他同学家里大多都买了学区房，极少数在学校旁边租了房，但我们家却没这个条件，大女儿每天都是走读，从学校回家要乘坐 4 号线和 6 号线地铁，早晚往返需两个多小时。而且每次她早上 6 点起床去上学，都赶上早高峰，而放学时是下午 6 点，正值晚高峰，挤地铁的辛苦可想而知。但她遇到困难很少抱怨，都是咬着牙挺住。她对我说："爸爸，不要以为班上的学霸只是智商高，他们都是特别能吃苦的。"

希望大女儿以后在大学里继续保持这种吃苦耐劳的品质，继续以自强、自立、自信的面貌和精神状态迎接每一个学习、生活和工作中的挑战。

第二篇
爸爸的作文

教作文的人，最好自己也会写。过去，语文教育界强调语文老师要写"下水作文"，就是这个意思。如果语文老师会写"下水作文"，和学生一道写，并敢于把自己的作文拿出来与学生分享，效果肯定不一样。

依我个人的经验，家长可以和孩子一起写作文。小学生低年级写话都很简单，父母和孩子一起写话，是对孩子的鼓励。到了中高年级，要写作文了，父母也可以和孩子一起写作文。写几次之后，经过练习，父母的作文能力会大大提高。而且和孩子一起写，父母会很快乐，能够赢得孩子的信任。

这些年，我经常和孩子写同题作文。这里是几篇我写给女儿看的作文，还有应邀给别的孩子写的作文，权当示范，即使不如孩子，也感觉很有意思。

敞开心扉的话

●·●·●·●·●·●·●

一位同事是法学教授，一天晚上，他发邮件给我，请我给他女儿写一篇示范作文。作文要求是这样的：

以《打开心扉》或《心扉》为题，写一篇800字的作文，写成记叙文。

我以他女儿的口吻用20分钟写了如下短文，发给这位同事。同事的女儿读了认为很好。

上个学期，爸爸当选为院长，他到他工作的大学里最大的文法学院做院长。听妈妈说，这个职位很难做，因为学院里有150多位老师、1 000多名学生。

我对妈妈说："我们应该为爸爸高兴呀。"没想到妈妈略带不满地对我说："高兴什么呀，到时候你就知道了。"

果然，从上学期到这学期，差不多一年了，爸爸几乎每天都不按时回家吃晚餐；星期六、星期天爸爸也常不在家，据说要开各种会、要听各种报告，还要处理院里的一些琐事和急事。有一次，爸爸好不容易周末在家，正好我遇到了一些学习上的问题，想问一问爸爸，和他一起商量商量，可是，爸爸竟然很不耐烦地对我说："你自己动动脑筋吧，爸爸忙呢。"说完，爸爸就钻进书房，对着电脑进行家庭办公了。我有些不满，也有些好奇，就跑到爸爸身边，发现他果然在为申报硕士点和博士点查资料、填表、发邮件。哼哼，我白了爸爸一眼，离开了爸爸的书房，回到了自己的房间，心想：爸爸忙成这个样子，以后再也不麻烦他了！

最近我的功课很忙，老师布置的作业比较多，周末我也很少有空闲时间，所以和爸爸很少聊天。爸爸呢，照样忙得顾不上家里，我的作业和试卷他好像好久都没瞅上一眼了。有几次，我因为学习压力比较大，加上学校举行了几次小测试，想放松放松，很期待爸爸能够抽空陪我去万达看一场电影。可是，我对爸爸说了几次，他总是拖着。我们班的同学差不多都看了动画电影《神偷奶爸3》，同桌的爸爸妈妈也带她看过，那是一部很有趣的电影，我特别希望爸爸能带我去看。可是那个周六，当我对爸爸说："老爸，带我去看《神偷奶爸3》吧。"爸爸又是一脸无奈，说："爸爸忙呢，你和妈妈去吧。"哼哼，爸爸又没时间陪我们了。这次，我真的有点伤心，只好和妈妈一起去看了。

说实在的，爸爸全身心投入新的工作，我和妈妈还是很支持的，可是如果他老是忙得连轴转，家都不顾了，我还是有意见的。希望爸爸能够平衡好家庭和工作的关系，抽时间和我一起看一场电影、听一次音乐会、聊一聊天。

好啦，就说到这里，希望爸爸能看到我的这篇短文。这是我的牢骚，也是我敞开心扉的话，希望爸爸知道我心里的想法。当然，我更希望爸爸注意身体，我和妈妈爱你！

说纽带

2017 年高考前夕，我在家里和大女儿聊天。我对大女儿说："宝贝，马上要高考了，你猜北京会考什么题？"大女儿随口就说："肯定会考和'一带一路'相关的题目。"

听了大女儿的话，我有些惊讶，因为我也想过可能会考这个主题，"一带一路"是 2017 年各媒体的一个热词。没想到大女儿对热点信息这么敏感。

过了一段时间，高考到了，果然，北京高考语文就考到了"一带一路"。

2017 年北京高考大作文题目是二选一：《说纽带》《共和国，我为你拍照》。大作文 1 是这样的：

> 纽带是能够起联系作用的人或事。人心需要纽带凝聚，力量需要纽带汇集。当今时代，经济全球化的发展、文化的发展、历史的传承、社会的安宁、校园的和谐都需要纽带。请以

"说纽带"为题，写一篇议论文。

要求：观点明确，论据充分，论证合理。

看到作文题，我当即以考生的身份写了一篇高考作文。

纽带，通俗地说，就是联系事物的媒介，也是人与人之间沟通的桥梁。

生活和工作中，人与人之间需要沟通、需要交流；没有沟通、没有交流，就难以互相理解，也难以互相认同。人与人之间缺乏理解和认同，合作自然是一句空话。所以，生活和工作中，要想顺利、安稳、平和、幸福并有收获，就得善于与人交流、合作，并尽可能地建立起与外界的多重联系，把自己的价值最大化。当然，与人交流、合作，靠什么？也就是说，需要什么纽带呢？我个人觉得，可以靠朋友牵线搭桥，靠老师的无私帮助，靠同事的诚意合作，靠其他力量的推进……但最好的纽带，是建立起与他人的信任。信任是最好的纽带，它能把不同行业、不同性别、不同文化背景的人紧紧地联结起来，形成一股强大的力量，能做很多事，能创造难以想象的奇迹。

现在，我们处在一个全球化时代。全球化时代是一个以电子媒介为纽带的时代，电视、网络和新媒体把地球上不同国家、不同民族、不同文化的人都连接在一起，人们可以在地球的不同地点共享相同的信息。因此，在全球化时代，有人说地球是一个"村落"，好像我们每一个人都生活在地球这个村子里，做什么事、说什么话，大家很快就会知道，迅速就家喻户晓。比如，某位总统做了什么事，某个国家爆发了战争，可能当地人还没全知道，其他国家的人已经通过电视和网络都知道了。的确，无论从政治角度看，还是从经济角度看，世界各国之间的联系越来越紧密，地域的、民族的、文化的局限越来越小，人们都在试图打破传统的束缚，进行跨地域、跨文化的交流与合作，建立起相互间的信任。就中国而言，改革开放以来，国际交往日益增多，在亚洲、欧美和非洲等世界各地都广交朋友、扩大贸易，加强文化互信，政治、经济和军事实力大增，成为一个真正意义上的政治大国和经济大国。

古代的丝绸之路，就是联系中国和亚欧的一个纽带，它让东方古国的文明与亚洲古国、欧洲古国的文明联系起来，改变了世界，促进了人类的文明与发展。"一带一路"是当今的纽带，它将把现代中国与亚洲、欧洲再一次紧密连接，促进彼此人员往来、经济交流和文化互信，并给相关国家提供诸多发展的机遇。"一带一路"不但意味着再造陆上丝绸之路，还意味着再造海上丝绸之路，这是对千年文化的传承，也是对现代世界的打通。"一带一路"是一个了不起的纽带，它符合世界的潮流，将促进中华的伟大复兴，也必将给世界和平与稳定带来希望，是一项伟大的决策。

总之，人与人之间、民族与民族之间、国家与国家之间，都需要互相交流与合作，不要忽视了纽带的作用。

新时代新青年

● ● ● ● ●

——谈在祖国发展中的成长

2018年高考前两天，我在微信朋友圈里调侃说，明天我来押一下高考作文题。6月6日，我在微信里这样写道：

明天高考，猜作文题目可能会涉及四个主题：一是"一带一路"；二是新时代；三是生态环保；四是人工智能。恢复高考以来，作文出题一直是两个方向：一是紧跟政治、紧跟时代；二是表现自我，有点抖小机灵、小聪明。

我的话说得有些粗糙和直爽，但第二中午，网络媒体上就发布了2018年北京高考作文题，是这样的：

从下面两个题目中任选一题，按要求作答。不少于700字。将题目抄在答题卡上。

①今天，众多2000年出生的同学走进高考考场。18年过

去了，祖国在不断发展，大家也成长为青年。

请以"新时代新青年——谈在祖国发展中成长"为题，写一篇议论文。

要求：观点明确，论据恰当充实，论证合理。

②生态文明建设关乎中华民族的永续发展，优美生态环境是每一个中国人的期盼。

请你展开想象，以"绿水青山图"为题，写一篇记叙文，形象生动地展现出人与自然和谐相处的美好图景。

要求：立意积极向上，叙事符合逻辑；时间、地点、人物、叙事人称自定；有细节，有描写。

看到以上内容，我非常高兴，果然，又猜中了高考作文题，而且猜得很准。

下面是我试写的一篇高考作文。

今年是改革开放四十周年，也是党的十九大之后的开局之年，我们身处一个新时代，中华民族的伟大复兴使命摆在我们面前。而高考也让我们站在一个新的发展起点上。可以说，我们每一个人都面临着新的选择和挑战，也面临着很多发展的机遇。如何站在新时代的潮头，摆正自己的位置，找到自己的方向，走好成长之路，实现自己的梦想，是我们这一代青年需要认真思考的课题。

我个人认为，要不辱使命，做新时代的新青年，在祖国发展中健康成长，应该正确看待三个问题：

第一，要正确看待个人与家庭的关系。高考结束，我们就从中学走进了大学，这是人生的一个转折点，也是成长的新起点。离开了高中校园，跨进大学门槛，表面上只是不用去应付各种模拟考试，不用去为填写一个合适的志愿而煞费脑筋，实际上，上大学是走向独立自主的重要一步，是完成生命成长的关键环节。因此，在大学里，如何学会自主学习、自主探索，选准专业方向，不再过分依赖父母，不再留恋家庭的呵护，学会过真正的集体生活，才是生命成长的一个标志。

第二，要正确看待个人与集体的关系。个人是集体的一员，集体是个人的组合，个人与集体之间有紧密的联系。进步成长的一个重要标志就是独立自主，但这并不意味着脱离集体。处理好个人与集体的关系，就是要把自己放到集体中，在集体中寻找自己的位置，找到自己的方向。上了大学，过的是集体生活；将来走到工作岗位上，过的也是集体生活。在集体里生活和工作，要有团队意识，要善于与人合作，要敢于承担责任，还要乐于奉献。独木不成林，做不到这一点，个人的理想和抱负是很难实现的。

第三，要正确看待个人与国家的关系。我们每个人都是国家的一员，即我们都是公民，因此，要树立公民意识，要有公民的责任和担当。公民要遵纪守法，要讲公德、讲奉献、讲信任、讲道义、讲爱国。坚持和树立社会主义核心价值观，就要把个人的发展与国家的命运结合起来。因此，无论是在学习上还是在工作中，我们都要把握方向，顾全大局，努力奋斗，求实创新。

诚然，在新时代，面对新任务和新挑战，我们不但要注意找准个人的位置，更要以切实的行动参与到祖国的发展建设之中。做天之骄子固然幸运，做新时代的新青年，听从祖国的召唤，在奋斗中进步成长，才是个人最大的荣耀。

在　乎

· · · · ● · · · ·

　　曾立晨小侄的父亲曾军是我的同事，是一位了不起的文艺学教授。前些日子，曾军教授把立晨的两篇作文发给我，我认真读了，因为杂事迟复了。过了十来天，我也写了一篇《在乎》，算是和他同题作文，写完后发给他看看。我对立晨小侄说：写作文，要把话说清楚、说流利，把观点和想法表达得清晰一些，结尾再稍微提升一下，把态度表达得更明确、更积极一些，这样就好了。

　　在乎，在英语里叫"care for"，也可以叫"care about"。中文里，这个词的意思是：对某一件事或问题很在意，或者，对某一个人很在意、很重视、很关注。

　　说到在乎，爸爸妈妈很在乎孩子的成绩，生怕考试没考好，排名靠后，将来考不上好学校。老师也特别在乎成绩，生怕学生考试掉队，影响了班级的荣誉。说实在话，我也很在乎自己的成绩。每次临近考试，我的心都特别紧张，即使复习得比较充分，也总怕考试出现意外，尤其害怕老师出的试卷里有偏冷的题目。有一次数学期中考试，我心里蛮有把握的，可是试卷发下来，我就懵了，因为有两道大题挺难的，我一时想不起来怎么做，题型也没有练习过，所以心里很犯怵。幸亏我心理素质比较好，很快镇静下来，我想呀想，终于在考试结束铃声响起前顺利地答完了题。那次数学考试我出了一身汗。当然，后来我让爸爸帮我买了几本数学练习题，周末又反复做了几遍，对各种题型都有了思想准备，就不再害怕了。

学生对成绩很在乎，因为它是评价我们学习效果的一个最重要的标准。但我在乎成绩，也和爸爸妈妈的压力有关，特别是妈妈，她对我的学习一向要求高，爸爸也希望我考上一所好高中。不过，我觉得爸爸妈妈和老师们有时也要在乎我们的精神状态，在给我们压力的同时，不要忘记给我们舒缓神经的时间和机会。在学校的课堂上，我希望老师能够充分利用课堂，把最有效的知识传授给我们；周末时，我希望老师能够尽量少布置一些作业，尤其是那些重复性练习题，做多了容易让我们对学习产生厌倦。在家里，我希望爸爸妈妈多给我一些放松的时间，让我有点运动或者发呆的时间，一根弦老是紧绷着是很容易断的，一根稻草压倒一头骆驼，说的也是这一点。过分的紧张容易导致精神焦虑。所以，老师们和爸爸妈妈在乎我们学习成绩的同时，也要多关心我们的日常学习和生活。

无论如何，老师们和爸爸妈妈对我们的在乎，是一种关心和爱。如果没有爱与关心，他们在乎我们干什么呢？所以，"在乎"这个词里，有很多复杂的内涵。品味"在乎"，我觉得自己要更勤于思考，努力学习，取得优异成绩！

那盏煤油灯

●·●·●·●·●·●·●

　　有一次，我看到一个作文题，要求以一个自己熟悉的物件为由头，写一篇600字的作文。我想到了小时候的煤油灯，就写了这篇短文，给大女儿读过，也给读者们读一读。

　　读小学的时候，村里还没有电灯，晚上要点煤油灯。

　　记得小时候，特别爱看小人书，晚上在煤油灯底下入神地看，等到小人书读完，鼻孔里都有黑色的煤烟。但我丝毫不觉得难受，也没感觉到煤烟的刺鼻，只是沉浸在书香里，仿佛小人书就是一切。

　　读中学时，学校里已经有了电灯，但晚自习经常会停电，因此，我们读书、写作业，很多时候也是在煤油灯底下完成的。那时，我们每一个学生都要准备一盏煤油灯，放在教室后的架子上，停电了，就各自端到课桌上。我们点亮灯，然后读书、自习……煤油灯一直陪伴我到高中毕业。

　　煤油灯的制作很简单，供销社的商店里有专门的煤油灯卖，但农村来的孩子们一般都是自己做，有的用一个墨水瓶做，有的用一个其他的玻璃瓶做。在空瓶子里灌上煤油，再盖上铁盖子，当然盖子上要戳一个孔，用一根小布条或细棉绳穿进去当灯芯，把大部分泡在瓶子里的煤油里，点亮它露在瓶盖上的那一小头，就是一盏亮亮的煤油灯。在没有电灯的年代，农村里几乎家家户户都用煤油灯，在煤油灯下拉家常、在煤油灯下缝补衣服、在煤油灯下炖汤、在煤油灯下给孩子洗澡、在煤油灯下准备年夜饭……煤油灯点亮了山村的夜晚，也点亮了孩子们的梦。

小时候，在煤油灯下，我常常想：什么时候能用上电灯呢？什么时候能过上城里人的生活呢？做赤脚医生的妈妈知道我的想法，就对我说："孩子，好好读书吧，不然，你只有永远在山村里生活。"妈妈的话，我记在心里。我知道，对于一个普通的农村孩子来说，要改变自己的命运，只有努力读书；只有这样，才能走出山村，过上城里人的生活。

后来，村里安装了电灯，家家户户不再用煤油灯了。因为家里盖了新房子，老屋拆了，我家的煤油灯也不见了，但我一直记得小时候点过的那一盏盏煤油灯。

煤油灯，照亮了我的童年，点亮了一个山村孩子的梦想与希望。

种菜的日子

• • • ● • • •

　　我写了不少回忆童年的短文，起初是写给大女儿看的。后来，出版社的编辑约我写书稿，我就把自己写的一些回忆童年的短文搜集起来，编成集子，出版了《有书的日子真好》《童年的月光光》《乌石塘的孩子》等几本散文书，结果很受小读者喜爱，多次再版。这是其中一篇。

　　童年生活有很多细节、很多体验，一辈子都是难以忘记的。生活在乡村，日子过得虽然清苦，和今天孩子的生活，尤其是城里孩子的生活相差悬殊，但那种童年的快乐，尤其是劳动的收获，很难用笔描述，也是城里孩子无法体验和难以想象的。

　　俗话说，穷人的孩子早当家。生活在乡村里的孩子，几乎都对这句话有很深的感受。我最早帮家里干活，大概就是五六岁时，那时候我还没上小学，乡村里也没有幼儿园，姐姐已经上了一年级，每天早晨我都要起来去地里帮妈妈摘菜，有时候洗菜、烧饭，有时候还要跟着姐姐去野地里打猪草。妈妈一大早要出工。爸爸要出去砍柴或者到地里干两个小时的活，然后喝一大碗红薯粥，接着就要到小学去上班。家里养了两头猪，如果姐姐早晨起来打猪草，我就得待在家里烧火煮饭，还要照看两个弟弟。

后来年龄大了一点，有八九岁了，妈妈又经常带着我到自留地里种菜、浇水、施肥。在我的记忆里，我们家里的四个孩子中，妈妈最喜欢带我去园子里种菜。那时候过的是大集体生活，整个生产队一起种地、一起劳动，然后到了年底，根据每个劳动力的工分来分粮食。我们家是半边户，爸爸是公办代课教师，工资非常微薄，根本养活不了四个孩子，因此全靠妈妈在生产队一人干两人的活，来维持这个大家庭的生活。粮食不够，妈妈就充分利用自留地，把地里的果树种好、菜种好、瓜育好，因此，四个小孩子的肚皮也就能够勉强填饱了。我家的自留地有好几块，一是屋前的小片空地，妈妈会用篱笆围起来，种点葱蒜、小青菜和苦瓜、丝瓜之类的。二是离家有一里多地的水塘边，有一大块自留地，那里可以栽几棵橘子树，还可以种各种瓜果蔬菜，一年四季都够吃。妈妈一般是在劳动归家后种菜，或是农闲之时，她会很精心地侍弄自留地里的瓜菜。

妈妈说我心细，而且听话，所以每次去菜地里都会带着我。一般春天时，妈妈总带我去菜地里拔草。南方雨水充足，春分之际整天都是瓢泼大雨，加上气温回升，地里的杂草疯长，所以得常去菜地拔草，不然的话，杂草长过了青菜苗、茄子秧和辣椒苗，那夏天就没有蔬菜吃了。还有西瓜、南瓜、冬瓜、丝瓜和苦瓜等藤苗，如果不除掉它们根旁的杂草，肥料就白施了，瓜藤都会发黄，更谈不上开花结果。但清除杂草并不是一件简单的活，雨水浸泡过的土很松散，拔草用力不能太大，不小心就会连菜苗一起拔掉。另外，在西瓜地里拔草时，不小心就会把西瓜藤给扯断，这样一来，不但会延误西瓜的生长，还可能把整个西瓜秧给伤了。而且除草时还要注意，当杂草紧挨着菜苗时，一定要分辨好哪一根是草秆、哪一根是菜茎，不然的话，就会把菜苗茎拔掉。有好几次，我和妈妈在菜地里拔草时，粗心的小弟弟也来凑热闹，结果把菜苗拔掉不少，当然屁股上少不了挨妈妈的狠揍。

给菜苗浇水施肥也是有讲究的。如果是炎热的夏天，经过了一天的暴晒，甚至是连续几天的烈日烧烤后，菜地里一般都非常干燥，浇水量要大一些，而且肥水要稀，不能太浓，太浓了，肥力重，会把菜给烧死。如果是春天或秋天，浇水时肥料可以加多一点。如果是冬天，浇水次数就不能太多，但肥料一定要足一些，尽量把肥料浇到菜的底下。小时候，农村里种菜用的都是农家肥，也就是厕所里的尿粪，还有猪圈里的粪肥，也有一部分是烧饭做菜后产生的地灰。一般来说，施肥有两种方式：一是把尿粪用水稀释，浇到菜苗根部，这要讲究浓度适宜，前面说了，太浓了，肥力太强，会烧坏菜苗。二是地灰和粪肥搅拌后，一般是在地里挖一个坑，然后把肥料埋在地里，等过一段时间才在上面种上菜苗。每一次妈妈带我去菜地里，都会跟我讲授一些种菜施肥的诀窍，我都听得很认真、很上心，因此，我在菜地里总是她的得力帮手。

小时候，我很喜爱去自留地、去菜园子，那是我们孩子的乐园。干活当然辛苦，但菜地里也有很多快乐的体验和可学的知识。比如说，到菜地里捉虫子给我们养的八哥吃，可以带一个空药瓶子，要不了一会儿，就能捉到好些小青虫、小瓢虫，还能挖到很多蚯蚓。再比如说，夏天，菜地里的瓜果成熟了，我们浇完水后，就坐在地里，摘黄瓜、吃西瓜，每次都吃得肚儿圆圆、满头大汗。还有，给南瓜花授粉也是很有技巧的，看见母花开了，就要找一朵公花，把中间的花蕊小心摘出来，然后把它插到母花的花蕊上，再及时给南瓜秧施点肥，要不了多久，就会有一个大南瓜挂在藤蔓上。另外，菜地里有各种小昆虫，可以找到七星瓢虫，可以看到金龟子，还可以捉到萤火虫。

种菜最大的收获，就是认识了很多植物，也认识了很多小昆虫，了解了很多农业知识，还学会了从劳动中获得快乐。从妈妈带着我走进菜园子起，勤劳的种子就播在了我的心田。那时候起，我开始懂得不劳动就不会有收获，一分汗水一分收获；懂得了一个普通人家的孩子要想获得幸福的生活，就要靠自己的双手、靠勤勉的品格。

第三篇
女儿的作文

大女儿名叫谭扬子，小学就读于北京市石景山区实验小学。她爱读书，从小学起就读了很多世界儿童文学名著，也读了不少少儿报纸杂志上的文章。她读小学时，我就鼓励她多写。我从来不过多地挑她的毛病，尽量让她自己写，写得多了，自然就文从字顺了。而且会让她构思，尽量把语言写得感人一些。

　　大女儿小学和初中时在多家报纸杂志发表过习作，《东方少年》和《少年儿童故事报》还专版介绍过她。她作文好，语文学得好，其他课程也很好，2018年以优异的成绩考入北京师范大学附属实验中学，进了高中理科实验班；2021年考入北京大学医学部。这里选几篇她的作文，供小读者参考阅读。

我的家，爱运动

●　●　●　●　●

我们一家人都爱运动，不管是在社区还是在山上，都可以经常看到我们一家人运动的身影。

"起床了！"大周末，早上才不到七点，怎么就有人要起床了？原来，爸爸在叫醒我和妈妈，我们一家三口要出发去八大处了。夏天清晨的八大处，就像一个美丽活泼的女孩。"吱吱，喳喳！"树上的小鸟向我们打着招呼。"哗啦啦，哗啦啦！"雨后的清泉为我们演奏着优美的华尔兹舞曲。我和爸爸妈妈在小鸟和清泉的歌声中，漫步在森林里。瞧，我看见了什么？一只可爱的灰松鼠，在松树枝上大跳、旋转，陶醉在音乐中。

不一会儿，我们就累得气喘吁吁了。但我们互相鼓励，继续前进。没多久，我们爬到了最高峰七处。回头一看，绿色的山峦尽收眼底。在这美丽的大自然中，我们能不快乐自在吗？

"到了，下车吧！"大家奇怪了，周末的下午又去哪里？猜猜吧！我们一家人又去门头沟龙泉宾馆了，那里可以游泳。"三、二、一！"我们一家在游泳池里比赛游泳呢！我拼命地向前游，终于超过了妈妈，得了第二名！休息过后，我就要开始实施计划了。我连游了15个来回，累得瘫在了躺椅上。"我们去室外温泉吧！"我们来到了室外，在一个有遮阳伞的水池里坐下来。凉爽的风轻轻地吹着我的脸，到处都散发着芳草的清香，令人心旷神怡。我伸开胳膊和腿，让紧张了五天的身体放松了下来。多么惬意、愉快的星期天下午呀！

游完泳，泡完温泉，洗完澡后，别以为我们就会休息看电视了。电视和网络对我们一家没有多大的吸引力。傍晚回到家，吃过晚餐，我们一家人喝杯热水、吃点水果，就下楼去散步了。夏天的夜晚格外安静，树叶沙沙，似乎在诉说着什么秘密，社区小湖里的小鱼也不闹了，只有微风吹在湖面，拂着柳条，不停地在空中荡漾，好像在为小鱼哼唱着柔和的安眠曲。我们绕着社区快步走完了一圈，便开始慢慢地散步，体会社区里自然夜景的奇妙。

"我们来数星星吧！"我提议着。于是，我们一家人坐在了长凳上，我躺在爸爸的腿上，妈妈倚在爸爸肩上，我们一起数起了天上闪亮的小星星。这是多么温馨和谐的夜晚呀！

爸爸常说，大自然是最美好的，大自然是人类的母亲，所以我们要多多亲近大自然，过绿色的生活、健康的生活。现在，不少人喜欢待在家里看电视、玩电子游戏，不愿意去大自然中做运动、去亲近大自然、去感受大自然的美妙。我周围有不少同学，他们也爱运动，但每次学校体检体重都超标，以至于上体育课都跑不动、跳不远。

我希望我们一家一如既往地爱运动，爱大自然，追求绿色的生活、幸福的生活。

（本文写于小学五年级）

点评

　　有一次，社区里举行一个家庭讲演活动，女儿讲述了家里的故事，赢得了大家的好评。这是女儿参加社区讲演后写的一篇短文，不是对讲演的记录，却是她对一家人爱运动的很好的描述。

森林乐队

从前，有一只青蛙，特别爱唱歌。每天早上，他都要唱歌给妈妈听。有一天，他突发奇想：要是我能和大家组成一个乐队，那该多好啊！那样，我每天都可以站在荷叶上或池塘边表演。小青蛙把自己的想法告诉了妈妈，妈妈也很赞同，还给小青蛙写了一张告示，贴在了荷塘旁边的柳树上。

过了一会儿，一群小蝌蚪游过来了。看见告示，他们问道："小青蛙，我们可以给你的乐队伴舞吗？"

"当然可以。"小青蛙回答。

过了一会儿，一只小猪走来了。看见告示，他问道："小青蛙，我会吹小号，可以参加你的乐队吗？"

"当然可以。"小青蛙点点头。

过了一会儿，一只小兔跳过来了。看见告示，她问道："小青蛙，我喜欢拉小提琴，可以参加你的乐队吗？"

"当然可以。"小青蛙微微笑。

小鹿、小熊、小狗……森林里的许多小动物都来了。他们有的打鼓，有的弹吉他，有的拨竖琴。小青蛙都同意他们参加自己的乐队，还邀请他们去家里吃晚餐，共同练习《荷叶与露珠》这首乐曲。

夜晚来了。小伙伴们穿上漂亮的礼服，站在荷塘岸上，开始表演啦！小青蛙的嗓子非常动听，歌声吸引了许多观众。大家都为小青蛙鼓掌喝彩，小松鼠还给小青蛙送来一束鲜花。

从此以后，小青蛙和他的乐队每天晚上都为大家表演，这支乐队的名字就叫森林乐队。

（本文写于小学六年级）

点评

这是谭扬子小学六年级写的，是一个很美的童话：森林里的池塘边，有一支小动物乐队，有美妙的音乐。这就是童话，它让动物像人一样说话、唱歌、交朋友。多写写童话吧，让想象的翅膀飞扬起来。

蹦蹦和乖乖

• • • ● • • •

　　大森林里有一棵空心大树，里面住着小松鼠乖乖一家。空心大树底下的洞穴里，住着小白兔蹦蹦一家。蹦蹦和乖乖是一对形影不离的好朋友，经常一起拔萝卜、摘松果。

　　一天，乖乖去蹦蹦家里喝萝卜汤。喝完后，乖乖说："蹦蹦，你来我们家吃松子饼吧。妈妈早上刚做的，又香又脆，可好吃啦！"

　　"好呀！"蹦蹦回答道。

　　他们俩手牵手来到了乖乖家。乖乖的妈妈看见蹦蹦来了，连忙把松子饼端了出来。蹦蹦吃了一块又一块，连声说："太好吃了！"

　　吃完松子饼，蹦蹦来到乖乖的房间里，看见乖乖的书桌上有一个瓷娃娃。瓷娃娃有一头金色的披肩发，长着一双大大的眼睛和一张红红的小嘴，样子很漂亮。

　　"真好看！"蹦蹦夸赞道。

　　"这是妈妈给我买的。"乖乖自豪地说。

　　蹦蹦忍不住伸出手来摸瓷娃娃。不知怎么回事，只听"砰"的一声，瓷娃娃掉在地上，摔碎了。

乖乖生气地说："我以后再也不跟你玩了！"接着，她伤心地哭了。

蹦蹦只好回家了。怎么办呢？他不敢告诉妈妈，于是告诉了姐姐，让姐姐帮他想办法。姐姐用自己的钱和蹦蹦的钱买了一个漂亮的瓷娃娃，然后指导蹦蹦写了一封信，把两样东西包好了，放在乖乖家的阳台上。

第二天，乖乖打开窗户，看见阳台上有一个包裹，上面写着"乖乖收"。她打开一看，里面是一个更漂亮的瓷娃娃！还有一封信，信上写着：

乖乖：

对不起，我不是故意打碎你的娃娃的。我送给你一个新娃娃。你要收下，请你原谅我。

蹦蹦

这封信后面还有一个笑脸，乖乖看了很感动。

从此，蹦蹦和乖乖又在一起玩了。

（本文写于小学六年级）

点 评

森林中的小松鼠和小兔子的故事，写得那么生动，他们像两个孩子，懂得如何交流，懂得如何相互理解，懂得如何为人处世。从这个故事里，我们能够发现孩子的智慧，了解孩子的想法。相信这个故事对每个人都有启示。

春夏秋冬的对话

●●●●●

　　一年有四个季节，分别由春姑娘、夏姑娘、秋姑娘和冬姑娘来管理。她们互相合作，让人们感受到了四季的多姿多彩。

　　可是有一天，春姑娘突然抱怨起来："为什么我只管理春天呀？我觉得一年四季都应该由我来管！"

　　"这不公平！"夏姑娘和冬姑娘听了，齐声问："为什么呀？"

　　春姑娘骄傲地说："因为植物和动物都喜爱我。迎春花露出灿烂的笑容，欢迎我的到来；我呼唤沉睡的小草，它们纷纷从泥土里探出头来，露出毛茸茸的小脑袋；我吹拂河边的柳树，柳芽儿一下子染绿了枝条；我摸摸玉兰花的小骨朵，玉兰花便一朵朵洁白如玉、粉色如霞；我跟桃树说句悄悄话，桃花儿挤在枝头争相开放。小燕子飞回来了。小蚂蚁钻出地面，忙忙碌碌地搬东西。小熊睡醒了，开始健身。小松鼠在枝头蹦来蹦去……"

　　"别说啦，"秋姑娘打断春姑娘的话，不服气地说，"我秋姑娘才最讨人喜欢呢！我走过稻田，成熟饱满的稻谷绽开笑脸，在秋风中上下起伏，好像金色的波浪；我走过高粱地，高粱举起了红色的小火把；我走过果园，石榴笑破了肚子，香蕉笑弯了腰……怎么样？我比你的优点多吧！"

"哼，胡说八道！"春姑娘气得涨红了脸，"一到秋天，树叶就呼啦啦地往下掉，树枝变得光秃秃的，可难看啦！"

"别吵啦！我看呀，还是我最讨人喜欢！"夏姑娘洋洋得意地说，"没有了我，哪儿来的果实呀！秋天成熟的果实，都是在夏天的时候长大的！什么苹果、梨子、桃儿、柿子、橘子……谁离得开我呢！"

"谁喜欢你呀？"秋姑娘反驳道，"你一来，大地就跟着了火似的，热得让大伙儿受不了！知了声嘶力竭地抗议，树叶垂着蔫巴巴的脑袋生气！"

"你……"夏姑娘气得说不出话来。

这时，冬姑娘笑微微地开口了。"你们每个人都很重要，一年四季缺了谁都不行。要是没有春天的小苗，就没有夏天的大树；要是没有夏天悄悄成长的小果子，哪来的秋天沉甸甸的大果实？至于我嘛，我让忙碌了三个季节的植物和动物们休息一下，迎接下一个春天。你们说，对不对呀？"

"说得对！咱们别再争吵了，还是每个人管三个月吧！"大伙儿异口同声地说。从此以后，她们再也没有争吵过。

（本文写于小学六年级）

点评

　　这篇童话语言很活泼，形象也很可爱，春夏秋冬的对话风趣并富有寓意。写童话不但要构思好，还要有思想、有哲理。这篇童话，就有诗歌和寓言之美。

未来的课桌

· · · ● · · ·

　　每天上学，我们都离不开一个"好朋友"——我们的课桌。可是现在，课桌太方正、太难看，看着课桌，让人一点学习兴趣都没有了。我长大以后，要设计一种小朋友们都喜欢的课桌。

　　这种课桌的侧面有两个转轮。一个转轮是控制课桌颜色的，如果你今天心情好，那就转一下转轮，让课桌变成黄色；如果你喜欢粉色，那就再转一下转轮。第二个转轮是控制课桌形状的，有心形、梨形、苹果形、花形……总之，只要是你能想出来的形状，它都能变出来。

　　未来的课桌不仅颜色和形状可以变化，还有很多功能呢！

　　课桌的最前面有一个出口，每天，小主人把老师布置的作业写在出口旁边的小屏幕上，课桌里面的机器就会自动扫描所有书本，把写作业需要用的书本都从出口里吐出来。这样一来，同学们就不会因为费劲地找书本而浪费太多的时间了。

　　课桌的前方有一个小喇叭，下面有一个微型的摄像头。要是小主人写字的姿态不对，小喇叭就会马上用很小的声音告诉小主人："写字姿势不对，头抬高，背挺直！"考试时，小喇叭和摄像头就会大显身手了。只要同学抄答案，被微型摄像头录下来了，小喇叭就会立即报告："老师，快来呀！他（她）抄袭！"这样一来，考试时就没有同学敢抄袭了。

课桌还能自动清洁卫生。每当下课铃声一响，课桌侧面就会伸出一个小吸尘器，把地面上和课桌上的垃圾吸走。接着，桌子下面的机器手也会立刻钻出来，帮小主人把下节课需要的学具摆放整齐。

这就是未来的课桌，它能帮助小主人养成一个良好的学习习惯，还能为小主人创造一个既美观又舒适的学习环境。

（本文写于小学六年级）

点评

　　这是一篇创意作文，作者写出了未来的课桌，描述了它的样子、它的功能、它的价值，给读者很新鲜的感受，富有想象力，也有科学的构思和创意。写作文时，不要只想着按照固定的模式写，练笔时要动脑筋，写出新意来。

梦醒之后

• • • • ● • • •

　　小熊梦梦爱睡觉，每天早晨 9 点才起床，上学总是迟到。山羊老师想了很多办法帮助他，可是一点儿用也没有。

　　这一天，梦梦和平时一样睡过头了。等他呼哧呼哧地跑到学校，上课铃早就打过了。山羊老师狠狠地批评了他，还让他写一份检讨。放学时，山羊老师反复叮嘱他："明天一定不能迟到，校长先生要来听课！"小熊记住了老师的话。为了不晚起，他一夜都没有睡觉。

　　第二天，梦梦总算没有迟到。可是上课的时候，梦梦不停地打哈欠，终于睡着了。山羊老师叹了一口气，继续朗诵课文："这时，小猪遇到了一头熊……"突然，小熊梦梦站了起来，大声说："到！"估计他在睡梦中听见了"熊"字，还以为在点名呢！全班哈哈大笑，梦梦则一脸茫然，他结结巴巴地说道："啊？老师，刚才……不是在叫我吗？"大家笑得更欢了，山羊老师的课没法上了，还被校长先生批了一顿。

　　为了让梦梦改掉这个坏习惯，山羊老师找到了自己的爸爸——森林大学的教授老山羊。老山羊想出了一个好主意。

　　第三天，小熊又睡懒觉了，一觉睡到了11点。起床之后，梦梦发现——爸爸妈妈不见了！他急得团团转。就在这时，满脸皱纹的爸爸妈妈拄着拐杖出来了。爸爸说："梦梦啊，你一觉睡了45年，我们都老了。你的同学们也老了。"梦梦大吃一惊，飞一般地冲向学校。同学们都出来了：小猴的淘气劲儿不翼而飞，小兔子的耳朵有气无力地耷拉下来，小猫的尾巴重重地拖在地上……

　　梦梦要去找山羊老师。同学们悲伤地说："你来得太晚了。山羊老师已经去世了。"

　　"啊？"梦梦又惊讶又伤心，一屁股坐在地上哭了起来，"呜呜，我错了，我再也不睡懒觉了，我再也不睡懒觉了……"

　　"真的？"同学们问道。

　　"嗯！"梦梦点头如捣蒜。

　　听到梦梦的话，大伙都把面具摘了下来，恢复了原来的模样。梦梦回到家，父母也变回了原样。

　　从此，梦梦再也没有睡过懒觉。

（本文写于小学六年级）

点评

　　这篇童话可以说是非常有想象力。小熊梦梦爱睡觉，上课老迟到，而且在校长先生来听课时竟然睡着了，闹了笑话。为了让他改掉爱睡懒觉的毛病，大家想出了一个绝妙的主意。童话的创意就在这里，想人之所未想，给读者惊喜，这样的童话就是好童话。

这也是课堂

●●●●●

10 月 30 日，我的小妹妹出生了。

由于寄宿的缘故，时隔五天，我放学回家，与爸爸匆匆去产房才见到她。只见一个细细软软的小东西，浑身还红彤彤的，正睡在妈妈旁边，时不时咕噜咕噜叫几声。她睡得很香。

"小妹很好，不哭不闹，像你小时候一样，产房的人都说她机灵。"爸爸把小妹抱起来，他的脸上闪着幸福的光。小妹醒了，她已经可以睁开眼睛，好奇地转动眼珠，四处看。爸爸不停地跟她说话：

"呦，你看姐姐，姐姐回家喽！姐姐平时寄宿，只有周末才能看到你哟。你看那边，还有个正在睡的小宝贝儿哟……"

我有点无奈：这么小的孩子，脑子还没发育好，为什么不停地跟她说话？爸爸说："妹妹太小，还不认得这个世界呢，你要不停地跟她说话，向她介绍。"于是，他抱起妹妹，继续说着"噢，你是个小天使，上天送我的小天使"了。

没过一会儿，妹妹"哇"地哭了，妈妈说她饿了，该给她喂奶了。这可吓死我了。只见她狠狠地咬住妈妈，然后腮帮子一鼓一鼓地，像只小饿狼一样喝奶，喝了好久。看她这副模样，我非常心疼妈妈。但妈妈却很开心地微笑着，看着她。

过了一会儿，妹妹吃饱了，躺在床上。忽然，她脸憋得通红，两腿乱蹬。妈妈说她拉臭臭了。一旁的阿姨急忙把她抱走去洗屁屁。"哎，刚生下来的小孩，真是没用。吃了睡，睡了拉。"我叹息道。

"怎么能说妹妹没用呢？你小时候也是这么过来的。越长大就越有用了。"听妈妈这么说，我仿佛感到肩上的责任变重了：以前我是小孩，爸爸妈妈都护着我。现在妹妹是小幺，我也得护着她了！

妹妹躺回妈妈床边。她现在心情很好，时不时地冲我吐一下舌头。"她在跟你玩呢！"妈妈说。我也跟她说了几句话，她就一本正经地看着我，似笑非笑。忽然，她眼皮一闭，又睡着了，头靠在妈妈身边。我也笑了，我也觉得她是一个小天使——上天送给我的小天使。

那天在产房里，我学到了很多。在妈妈的床边，我和妹妹上了一节课：妹妹学会认识世界，学会爱爸爸妈妈和我；我学会的，也不只是操心一个五天大的小孩吃喝拉撒睡的日常。

我是在目睹一个小生命的快乐成长，我是在学会接纳、学会承担、学会分享！

（本文写于初中三年级）

点评

期中考试，题目是"这也是课堂"，大女儿写的这篇作文，语文老师给了满分，还说感动得哭了。这篇作文也记录了大女儿对刚出生几天的小妹妹的理解与爱，后来在《东方少年》杂志发表，得到了很多读者的好评。

触　动

●　●　●　●　●　●　●

　　周六的早晨，我一觉睡到太阳光照在被子上。妈妈推开房门，把怀里的妹妹放在了我的床上，说："妈妈去洗衣服，姐姐陪你玩。"

　　我极不情愿地把头从被窝里探出来，一睁开眼，就看到妹妹的大眼睛一动不动地盯着我看。我从床上爬着坐起来，她的眼睛也顺着我转；我走到床头，她也使劲地抬头，盯着我；我摸摸她的小肉脸，只见她的小"苹果肌"向上一动，嘴一咧，笑了。

　　"妈妈！"我急忙大喊，"妹妹怎么会笑了？！"两个月前，妹妹刚出生，她一张嘴就是哭，我还从来没见过她笑哩。我一边想着，一边惊奇地看着她，这时妹妹又笑了。只见她小嘴咧得像切好的小南瓜，眼睛眯成一条小缝，我的心一下子就融化了。我第一次主动把她抱在怀里，妹妹可开心了，"嗷呜——"的一声，伸出两只小手挥呀挥，小脸在我怀里蹭呀蹭。那一刻，我的心触动了——我们俩可是亲姐妹呢。

　　爸爸妈妈停下手中的活，围在我的床边。爸爸对我说："可能小孩子有一种感觉，她看到你就知道你是她姐姐，知道你和她是一个妈妈奶大的，和你待在一起她很幸福。"妈妈把妹妹从我手中接过来，妹妹还依依不舍地看着我。

晚上，我经过妈妈房间，想去看看妹妹。我轻轻推开门，发现她们躺在床上，妈妈正在给妹妹喂奶。我忍不住走了过去，躺在了妹妹旁边，看着她咕噜咕噜地喝奶，还发出"嘿呀咿呀"的声音，我看得入了迷。我问妈妈："妈，我小时候也这样吗？"妈妈说："那当然，不过你小时候可安静了，喝奶从来不发出那么多声音，喝完后立马就睡。"听着妈妈温柔的声音，我的眼眶竟然有些湿润，不是因为我妈妈被抢走了，而是真的感动。那个肉乎乎的小东西贴在我胸前，散发着奶香。"多神奇啊！"我发现妈妈在看我，就说出这么几个字。

妈妈轻轻地提醒我："小生命就是这样……你悄悄走吧，妹妹好像睡着了。"

我轻轻地走出房间，心里扑通扑通的，好像被什么东西触动了。两个月了，我一直很喜欢妹妹，但今天却第一次感受到我们俩之间有一段情。

我愈发地觉得心慢慢地软了，她好像已经悄悄地爬到我的心里，找了一个大大的空子，躺了进去。

（本文写于初中三年级）

点评

　　大女儿这篇文章写得感情细腻，把妹妹第一次笑的动作、表情全都写活了，"咧""眯成""挥呀挥""蹭呀蹭"，展示的画面好像就出现在眼前。

"治愈系"之我见

● ● ● ● ● ●

　　刷题、高考、上大学；毕业、找工作、谈对象；买车买房、生娃养老——90后、00后的人生可一笔勾勒出线条。"再怎么奋斗也成不了马云。"被采访的年轻人这么说。确实，相比那个从零起步、创造奇迹的上一代，如今的青年物质生活是富足了，只是日益攀升的升学、就业压力和房价，以及对复杂人情世故的应酬迎面而来，击垮了不少人单纯的理想。于是他们有了自己的"治愈系"，名曰"佛系"。

　　佛系是一种看淡一切、回归本真的生活态度：随缘点赞的"佛系朋友圈"、不求效果的"佛系健身"、相互迁就的"佛系恋爱"……金钱名利，不眼红；学业事业，不追求；甚至人间冷暖，不在乎，以"都行、可以、没关系"在凡俗人世"佛"出自我。但人终究是社会性动物，佛系青年的优点是接纳自我，但少了在社会中对自我价值的追求和实现以及人与人之间的情感关怀。

　　庄子生活在战国时期，目睹频繁战乱中道德准则的溃败和生命的沦落，他无法用一己之力改善，因此选择远离尘世，视自己与自然为一体；

犬儒派的第欧根尼看透尘世中人们追求物欲时的贪婪可笑，因此衣衫褴褛，住在街边木桶里，享受一方阳光。他们对"治愈系"的选择，因世道不同的缘故，未免有些极端。对于当代青年，我认为更有借鉴价值的是苏轼的"治愈系"。

苏轼生于北宋，满腹才华，因与当势者政见不同，几次遭贬，一生大起大落：上，官至翰林学士；下，谪居牛棚之侧。境遇至此，他却没有消极避世。"竹杖芒鞋轻胜马，谁怕？一蓑烟雨任平生。"苏轼的诗句是对他乐天精神的完美体现："轻胜马"的自我感觉，是他搏击风雨、笑傲人生的气势；一句"谁怕？"是俏皮背后的坚定、宠辱不惊的坦荡和旷达；"一蓑烟雨任平生"，更是他面对人生坎坷的超然胸襟。苏轼不是没能实现理想。在"黄州惠州儋州"，他耕田种菜、研制美食、享受生活；兴修水利，创办医院、学堂，心系百姓。苏轼是成功地把理想与现实结合在一起的人，他"也无风雨也无晴"的淡然心态后，是豁达胸襟，是他对生活的热情和对人的大爱。

现实生活中，也有不少"治愈系"，他们不过分追求名利，生活淡泊宁静，不为物欲所累，但他们在工作中抱着积极的态度，因此看似消极，其实是生活上的"佛系"风格、工作上的乐观主义。而往往是这些人事业有成，胸怀绝技而不张扬，努力拼搏而不骄傲。

由此可见，所谓"治愈系"，不该是简单的"佛系"：不是懦弱的消极"避世"，而是面对困境的积极乐观；不是将真假善恶看作虚无的"玩世"不恭，而是坚定内心的理想与准则；不是身处尘间的"愤世"嫉俗，而是对人与自然的博爱。如此治愈，在尘世间，慰藉自己心灵，实现自我价值。

（本文写于高中一年级）

点 评

这是一篇课堂作文，纯属临场发挥，但语文老师给了一个优秀，还在班上点名表扬。

我和二毛的故事

•••••••

妹妹叫二毛。我原来的小名叫毛毛，但因为她的出生，我变成了"大毛"，她叫"二毛"。

二毛刚出生的时候我和她不熟。她很小很小，躺在妈妈的身边。爸爸妈妈都很爱她，爸爸叫她"我的小天使"。妈妈和她早就有怀胎十月的感情，爸爸似乎在她一出生就很爱她。对我而言，她却很陌生，我们的故事是慢慢开始的。

爸爸妈妈曾经问过我"你想不想要弟弟妹妹呀"，我的回答是"随便"。毕竟小孩是爸爸妈妈生、养，跟我有什么关系呢？直到二毛出生、长大，我才发现，小孩不仅和爸爸妈妈有关系，因为我是她的姐姐，她的到来，影响、甚至改变了我的生活。

家里有妹妹的生活对我来说是全新的。一岁前，二毛不会说话，甚至还不太会动，我对小生命的诞生感到神奇，我能够依稀感觉到和她的血脉联系，但她可能都不认识我。二毛的生活是吃、睡、拉、哭，而我在备战中考。爸爸妈妈跟二毛和跟我说话的腔调都不一样，跟二毛用叠词多的"婴儿语"，跟我正常地说话，我和她就像两种生物，住在一个家里。

二毛第一次对我笑的时候，我的印象很深。妈妈抱着二毛让她站在窗台上，二毛正对着我笑了，胖乎乎的脸把眼睛挤成弯弯的月牙。二毛刚来世界不久，但已经会笑了，她有自己的情感，她可能想表达她很喜欢我，我很感动，我感觉我和二毛的情感联系慢慢地建立了起来。中考过后，每个周末和假期，我都"被安排"带小孩。和二毛慢慢相处的时间里，我学会了小孩的语言，还会带她玩。她从只会傻乐和哭的小婴儿，变成了会交流会表达的小孩，会在游戏中互动。相处久了，我开始在学校的生活之余想念二毛，二毛也会在我回家的时候追在我屁股后面跑。我和二毛的感情是从无到有、越来越深的，是在时间和互相陪伴中建立起来的。

现在，二毛已经四岁半了。她上幼儿园，有自己的朋友圈。她每天回家都会跟我们聊天，说幼儿园里发生的事情，跟我介绍她的小朋友。有的时候，她还会跟我说悄悄话。有一天晚上被妈妈批评后，她偷偷跟我抱怨说"我觉得刷牙太难了，动作太多记不住"；白天跟二毛吵架之后，二毛晚上会跟我认错，说"我刚才是胡说的"。二毛也慢慢认清了我们俩的姐妹关系：我是她除父母外最亲近的人。对她而言，区别于父母的是：我们可以吵架，可以和好，可以互相向父母告状；区别于她的朋友们的是：因为我年长于她，所以可以教育她，她要听我的话，也可以求我陪她玩。这就是姐妹独特的地方，像是介于父母和朋友之间。姐妹是可以玩耍的亲人，是有教育和引导作用的朋友。这是独生子女不能拥有的体验。

二毛很自豪她有姐姐，经常向朋友们炫耀，在她眼里，我是一个令她崇拜的"大孩"：我很多事情做得比她好，是她成长的"模范"，还会带她玩、教她写字和画画。在我眼里，她是一个招人疼的"小孩"：我目睹她慢慢长大，很多事情从不会到擅长，就像重温了自己的童年和成长；

陪她玩总是很有意思，因为童真的小孩总能说出一些有趣又温暖的话，给人惊喜。

二毛是在我初三那年出生的，我和她年龄相差很大。当时二胎政策刚开放没多久，我周围的很多同学都是独生子女，他们都对我妹妹很好奇。有同学问："二胎会不会抢走家里的东西和父母的爱？"我曾经问过妈妈，她说父母的爱不会变少，同时，你还会获得一份来自妹妹的爱。实际上，正因我和二毛年龄不同，有不同的需求：她是婴幼儿，渴望父母长久的陪伴；我是青春期的"大孩"，渴望独立和自由，希望能和父母建立恰到好处的距离感，拥有自己独立的空间。大部分时候，爸爸妈妈可以同时满足我们俩的需求。在二毛成长的过程中，我从未感觉自己被疏远，反而是二毛拉近了我们一家人的距离，因为我们都爱二毛，二毛也爱我们所有人，我们一家人之间的纽带又多了一层。

二毛的到来，让我获得了珍贵的姐妹情。在二毛成长的过程中，我对于生育本身也又有了更具体、深刻的认知。和二毛见的第一面，我感慨于生命的神奇；几年的时间里，我见证了人类幼崽成长的艰辛和复杂，见证了父母对小孩的付出和牺牲。不仅仅是怀孕和生产的劳累，最累的还是陪小孩一天天长大。从换尿布、擦屁股、喂饭洗澡这些重复的体力劳动，到教说话、读故事、讲道理这些费时费力的脑力劳动，父母在小孩成长的每个环节都灌注了大量的时间和精力。小婴儿是脆弱的、无知的，父母对于小孩的成长负有巨大的责任。生育是神圣且值得敬畏的，有责任和爱的父母才能陪伴孩子健康成长。作为家庭中的一员，我学会了许多带娃技能，尽力去帮父母分担；在父母的言传身教中，我也慢慢学会做有责任心的大人，做有爱且会表达爱的大人。

（本文写于高三第一学期）

点评

　　高中阶段，我感觉大女儿还不太适应"姐姐"这个角色，也可能是高中阶段学习任务紧吧，大女儿似乎不太关注妹妹。作为父亲，我希望她认识到"姐姐"这个角色，很希望她有点空闲的时间时，能照顾一下妹妹。不过，高中阶段，大女儿实在时间不够，但她写的这篇短文，却让我深受感动，也理解了大女儿。这篇短文写得很好，可称为散文作品了。我展示出来后，被两家报刊先后发表。

跋

写作就是未来

在我们周围，因为受到一些误导，很多孩子认为，写作就是为了考试，就是为了实用。写作当然有实用价值，而且会写作的人能够应付各种与文字有关的考试。

应该说，写作具有实用性这个说法没有错，只是对写作理解得狭隘了一些。

一、写作需要理解文学

文学是语言艺术，当然也是艺术的语言。艺术的语言，既存在于生活中，也呈现在纸上。生活中的语言艺术，一般是口头文学，是民间口耳相传的歌谣和故事。书写在纸上的艺术的语言，就是纸上艺术，所以文学就是一种纸上艺术。诗人、作家写在纸上，并通过纸质报刊和书籍传播的诗歌、小说、散文、戏剧和童话等，都属于纸上的文学。

我们既需要生活中的文学，也需要纸上的文学，因此，阅读是非常重要的。有研究证明，如果没有享受过亲子阅读，幼儿的语言发育会迟缓很多；小学阶段缺乏课外阅读，学语文就会遇到不少困难；中学语文学习如果缺乏经典阅读，而且没有理解所读的书，底子就会很薄很薄。

阅读是教育的基础。学校里几乎所有课程的教学都是通过阅读来实现的；无论是语文还是数学或者其他课程，每一门课程的学习都是老师和学生一起读懂一本课本，在对课本理解的基础上，进行学科知识的练习或训练。阅读也是人理解世界和人生最简单、便捷、省钱和有效的方式。对外部生活和世界的理解，并不需要事事亲身实践，读书多了，就可以拓宽视野，增长见识，提高理解。阅读还是一种情感生活。读优秀的诗歌、散文和小说，都是情感的体验，带来的感动、欢喜或悲伤，都是一次次的心灵或精神上的洗礼。

阅读是写作的根基。每一个爱写作的人，都要理解文学写作与经典阅读之间的密切关系，不要轻率地以为写作是天才的行为。这个世界上没有谁一生下来就学富五车，就一通百通。那些所谓的天才，其实就是在阅读和学习的基础上，能够把知识世界和生活世界融会贯通，极具创造力和感染力的人。

二、现代教育与写作

写作曾是古代科举制的一个重要内容。但科举考试里的八股文写作不是现代写作，它看似能力的培养，实则是完全功利性的生存游戏。它不是对人的主体性的释放，而恰恰是对人的束缚。因此，科举八股文写作是对人性的束缚，是对写作的冒犯。我们不要把古代科举考试里的八股文写作当作真正意义上的写作。

写作是人类现代化的结果，也是促使人类更加文明的重要因素。在原始时代，人类会发出言语，但还不会使用语言；后来有了语言，最初的语言非常简单，随着人类文明的进步，逐渐变得丰富。文明人不会只是说，他还要写，要用文字的方式表达自己、描述他人、书写人生、展示世界。所以，对文字的理解和创造，是检验人的现代化程度的一个重要标志。

现代学校教育基于阅读，但发展于写作。如果学生只会读、不会写，那教育的实效就会大打折扣。语文学习不能仅仅停留在阅读上，还要发展写作的能力。没有好的写作教学效果的语文教育，是不合格的语文教育。

美国华裔数学家丘成桐批评过中国基础教育，认为中国学生在基本能力上还很欠缺。丘成桐的批评很尖锐，不好听，但他说的是大实话。他说一个人受教育后的基本能力应该包括三个方面：语言、数学、写作。语言能力是表达、沟通和交际的能力，它对应于我们的语文学习。数学是理、工、农、医等多个学科的基础。写作则是一切学科学习与发展的基础。

三、人生有很多选择，但写作非常重要

每个人一生都有多种选择。接受大学教育时，有的人选择学医，以后可以做医生，救死扶伤；有的人选择学法律，以后可以做律师，为社会伸张正义；有的人选择学新闻，以后可以做记者，揭示社会真相，反映社会新人新貌；有的人选择学图书管理，以后可以做图书管理员，在知识的宝库里陪伴读者的精神成长；有的人选择学社会学，以后可以做社会学者，进行社会调查，展示社会百态；有的人选择学历史，以后可以做历史学家，以史为鉴，启迪世人；有的人选择学心理学，以后可以做心理咨询师，为人们抚平心理和精神的创伤；有的人选择当兵，紧握钢枪，保家卫国；有的人选择学理工科，实现自己的科学梦；有的人选择学文科，实现自己的文学梦……

无论学什么、选择什么职业，写作都非常重要。

写作不过关，学什么专业、选择什么职业，都会遇到很多困难。

美国耶鲁大学给本科生开了三门写作课，其中有一门叫"Writing, Writing, and Writing"，译成中文，就叫"写，写，写"。无论我们学什么专业，都要写呀、写呀、写呀！写得越多，越快乐；写得越多，越有信心；写得越多，越有收获！

四、假如你以后学的是文科

我本人学的是文科，读过英语专业，也攻读过中文的硕士、博士学

位，还做过艺术学博士后研究。作为一名文科生，我有一个切身体会，那就是，如果你以后学的是文科，最能证明你实力的，就是你的写作能力。

所有的人文社会科学所包含的专业学习，也是最基础的能力，就是写作。

如果你选择中文专业，那中文专业的学习目标主要有两个：一是阅读能力，即文字的理解力；二是写作能力，即文字的创造力。中文专业的学生需要大量阅读经典和文献，在学习经典的基础上，建立自己对文字世界的信任。

当然，中文专业最核心的能力就是文字创造力，即创意写作能力。读了中文专业，却不会写作，人家会认为你是"水货"。

五、假如你以后读了中文专业

假如你小学时代喜欢文学和写作，中学时代也喜欢文学和写作，很可能高中毕业后，你会选择读中文专业，成为一名优秀的中文系学生。

进入中文系学习，你会发现，除了阅读，几乎所有专业学习的环节都与写作有关。

每一次作业是写作，每一次考试答题是写作。

科学论证是写作，论文开题报告是写作。

寒暑假社会实践的调研设计是写作，调研结果的呈现是写作。

活动策划、新闻采访、人物访谈、公众号编辑、主持人串词、编剧是写作。

写诗、写散文、写小说、写童话、写科幻故事是写作；写汇报、写总结、写申请书、写检讨书、写活动回顾和辞职信，都是写作。

会写作是文科专业尤其是中文专业最基本、最核心的能力。

如果你特别喜欢写作，对作文特别感兴趣，也很喜欢写诗、写散文、写故事，那么，学习中文专业可能是你最好的选择，因为中文专业的课程都是培育文字的理解力与创造力。学习中文专业，会让你的写作如鱼得水。

六、假如你读的不是文科

如果你以后不打算读文科，不进中文系读书，没关系，写作依然是你最基本的能力，你不能因此而放弃写作的训练。

小学时不会写作，连作文都写不好，升入优质的中学就很难；中学时写作不好，考入优质大学就会受挫，选择自己喜欢的专业也就更难。

小学作文、初中作文、高中作文都有应试的成分，都是考试的内容，但作文不仅仅是应试，它也检查你的文字表达与转换能力。有的学生平时写日记、写故事很顺利，就是不会写作文，尤其是写不好命题作文，主要原因在于，这个学生没有理解作文真正的目标。记叙文要讲好故事，议论文要表达观点，说明文要准确地描绘、讲述事物。把作文的基本目标理解了，就知道自己应该怎样安排和组装文字了。

平时的自由写作就是很好的练笔，千万不要放弃。当然，从自由写作到高考作文，还需要语言的智慧以及对特殊规则的把握。

高考作文与文学创作虽然截然不同，却都有创意的方法。此外，高考作文还要考验对生活与时代的理解度。如果一个人除了课本和学校，对外面的世界了解甚少，完全是书呆子一个，想要写出优秀的高考作文就很难。这些年，无论是中考作文还是高考作文，它们的命题都与社会热点和时代潮流有关，都紧扣社会问题，倡导主流价值。因此，认识自我这个角色，理解所处的生活，了解社会，紧跟时代，对写作有百益而无一害。

很多人抱怨作文缺乏创造力，束缚了学生的想象力和思维。记住，与其抱怨作文不好，不如学会写出优秀的作文、创意的作文，把创意作文当作日常写作的一种尝试。写好作文，用创意改变作文，也是做合格学生的一部分。

七、写作就是未来

总之，写作并不只是为了学习，也是为了交流。

文明人最好的交流方式就是写作，即用朴素真诚或优美秀雅的文字表达与交流。

口头讲故事与写故事是不同文化内涵、不同层次的语言文明。很多人不读书、不接受学校教育，没有受过经典阅读的滋养，也会口头讲故事，但是影响力有限。会写故事，则能影响更多的人，甚至让你的名字千古流芳，在众多的文字里熠熠生辉。

写作是抒发，是表达，是讲述，是倾诉……

写作是自我建构、自我超越，也是自我确认。有的人什么也没留下，却留下了生动、美好、感人的文字，这样的人不但确认了自己，也通过文字得到了别人的确认。

在今天的社会，写作是最省钱的投资，也是最好的投资。

从写好作文到掌握创意写作，是值得去努力的。

对现代人来说，写作就是未来。

谭旭东

2023 年 2 月 22 日修订于北京

人大社青少年写作书目

　　中国人民大学出版社一直致力于为青少年出版充满创意的写作书，激发孩子的写作思路，让孩子在写作中发现自我、表达自我，同时学习写作技巧，提高写作水平。

　　写作不只是写作文，它是一种充满想象力的创作，能够极大地拓展人的思维和表达能力，更是一种可以伴随孩子一生的技能。这里有通过画画启发创意思维的《写写画画故事书》，有美国获奖作家系统讲授写作方法与技巧的《写作大冒险》和《小作家手册》，有儿童文学作家带来的《作文课》，有写作大赛名师的课堂再现"丁丁老师创意作文"系列……在这里，你能找到孩子喜欢读的写作书。希望人大社写作书不仅能帮孩子学到写作技巧，还能让孩子真正地爱上写作。

书名	作者	出版日期	介绍
《会写作的大脑1：梵高和面包车》（修订版）	【美】邦妮·纽鲍尔	2018年7月	适读年龄：6～12岁。 激发写作大脑，让孩子"想写"。
《会写作的大脑2：怪物大碰撞》（修订版）	【美】邦妮·纽鲍尔	2018年7月	从不愿动笔，到跃跃欲试，让孩子"敢写"。
《会写作的大脑3：33个我》（修订版）	【美】邦妮·纽鲍尔	2018年7月	学会观察和表达，把生活写成故事，让孩子"会写"。
《会写作的大脑4：亲爱的日记》（修订版）	【美】邦妮·纽鲍尔	2018年7月	重新爱上写作，根本停不下来，让孩子"爱写"。
《奇妙的创意写作——让你的故事和诗飞起来》	【美】卡伦·本基	2019年3月	100个妙趣横生的写作实验，这场写作冒险之旅等你加入。
《有个性的写作》（人物篇＋景物篇）	丁丁老师	2022年10月	适读年龄：7～12岁。（个性篇） 写自己、写家人、写游记、写场景、写生活，告别套路，教你写出与众不同的味道。融合思维导图、生活化技法小课堂，在故事中学写作，是孩子喜欢的写作书。
《每天一句话　爱上写作文》	丁丁老师	2021年5月	适读年龄：7～12岁。（基础篇） 从句子到段落，循序渐进，打下写作基本功，用造句、色彩、程度、数量、比喻和拟人写好每一句。入选2022年农家书屋。
《每天一段话　写出好作文》	丁丁老师	2021年5月	适读年龄：7～12岁。（基础篇） 从段落到文章，日有所进，打下写作基本功，用成语、对话、描述、背景、顺序和节奏写好每一篇。入选2022年农家书屋。
《思维导图作文——看得见的写作》	丁丁老师	2019年11月	适读年龄：7～12岁（思维篇） 写事、写人、写动物、写静物、写景、写想象，直指写作中最易出现的错误，用看得见的步骤和思维导图教你写好作文。入选2021年农家书屋。
《思维导图阅读——能模仿的写作》	丁丁老师	2019年12月	适读年龄：7～12岁（思维篇） 写作方法＋名篇精读＋习作点评，配上思维导图，教你向名作学写作。入选2021年农家书屋。

书名	作者	出版日期	介绍
《北美思维导图作文》	小杨老师	2020 年 6 月	适读年龄：6 ～ 12 岁。 原汁原味的美式思维写作课堂，小杨老师用汉堡包、奥利奥、蝴蝶、鱼骨图搞定写作。
《作文课：让创意改变作文》（修订版）	谭旭东	2023 年 3 月	适读年龄：9 ～ 15 岁。 贴近中小学生生活的写作课，教你把创意用到写作中。
《成为小作家》	李君	2020 年 12 月	适读年龄：9 ～ 15 岁。 中关村三小语文名师力作，51 位重点高中学霸实力认证，助你破解写作的基因密码，走向文字链的顶端。入选 2022 年农家书屋。
《写作魔法书——28 个创意写作练习，让你玩转写作》（修订版）	白铅笔	2019 年 6 月	适读年龄：9 ～ 15 岁。 好玩的创意写作练习，你的笔一写就停不下来。写作的魔法就藏在你的脑袋里，快来试一试！
《写作魔法书——让故事飞起来》	[美]加尔·卡尔森·莱文	2014 年 6 月	适读年龄：9 ～ 15 岁。 纽伯利奖获奖作家分享写作秘密，帮你找到绝佳的故事创意。
《写作大冒险——惊喜不断的创作之旅》	[美]凯伦·本克	2018 年 10 月	适读年龄：9 ～ 18 岁。 来自美国的超酷创意写作书，可以撕、可以写、可以画、可以玩。
《小作家手册——故事在身边》	[美]维多利亚·汉利	2019 年 2 月	适读年龄：9 ～ 18 岁。 获奖作家为你揭开写作的秘密，你也能成为一名真正的小作家。
《少年未来说·第 1 季》	曹文轩 高秀芹	2019 年 6 月	适读年龄：6 ～ 12 岁。 "北大培文杯"全国青少年创意写作大赛优秀作品（第 1 季），展现青少年天马行空的想象力和精妙灵动的文字水平。
《写给未来的自己·第 2 季》	刁克利 高秀芹	2019 年 6 月	适读年龄：10 ～ 18 岁。 "北大培文杯"全国青少年英文创意写作大赛优秀作品（第 2 季），用英语展现创意与写作，向未来出发。
《北大附中创意写作课》	李韧	2020 年 1 月	适读年龄：10 ～ 18 岁。 北大附中写作老师教你唤醒沉睡的灵感，写出强大的表现力和影响力。
《北大附中说理写作课》	李亦辰	2019 年 12 月	适读年龄：10 ～ 18 岁。 北大附中写作老师教你开启思辨之旅，燃起你对说理写作的热情。
《北大清华学长的写作黑科技》	《意林》编辑部	2020 年 7 月	适读年龄：12 ～ 18 岁。 北大、清华学长分享自己的写作秘密，四十位高考作文学霸的走心经验谈。